学ぶ人は、
変えて
ゆく人だ。

目の前にある問題はもちろん、

人生の問いや、

社会の課題を自ら見つけ、

挑み続けるために、人は学ぶ。

「学び」で、

少しずつ世界は変えてゆける。

いつでも、どこでも、誰でも、

学ぶことができる世の中へ。

旺文社

教科書 ▶▶▶ 共通テスト

歴史総合, 世界史探究
流れと枠組みを整理して理解する

著者 **清水裕子**（河合塾講師, 東進ハイスクール・東進衛星予備校講師）

梶沼和彦（河合塾講師）

旺文社

はじめに

用語の丸暗記はできるけど，共通テスト模試で点数が伸びない人に！

　この本は，歴史総合と世界史探究の，「流れ」と「枠組み」（時代区分や地域，分野など，主に章のテーマ）について整理し，理解するための参考書です。定期テストの範囲であれば教科書の歴史用語を丸暗記できても，範囲が広い模試だと歯が立たなかったり，共通テストの過去問のような思考力・判断力が必要な問題は解きにくいと感じたりする皆さんのための本です。

思考力・判断力の土台を作って使える知識にする！

　とくに「歴史総合」は，小学校・中学校で学んだ歴史と違い，世界と日本の両方の歴史を一度に扱うので，日本史の「○○時代」のような「枠組み」のイメージがない人が多いと思います。

　まずは，歴史を大きくとらえるために，頭のなかに「流れ」と結びついた「枠組み」の箱を作ることから始めてみましょう。そうすれば，新しい歴史用語を知ったときに「この頃の，この地域の用語だ」と流れと枠組みとをつなげて理解することができます。この方法で用語を覚えるたびに，時代の流れ，枠組みが結びつき，さらに特徴，全体像がしっかり定着し，共通テストの問題を解くための思考力・判断力の基本となる考え方ができ上がります。共通テストで初めて見る資料を読解して得た情報から，「このテーマについての話をしているな」と類推できる，"使える知識"が増えていくのです。

　この本は，流れと枠組みを効果的に示すために，扱う用語の数は最小限に絞ってわかりやすく解説しています。また，歴史総合や世界史探究という科目を学ぶ際には，たとえば「近代」という「枠組み」はどうして生まれたのかという，「枠組み」への疑問をもつことも大事です。この本で歴史の枠組みがわかるようになれば，疑問もわいてくると思います。皆さんがこの本によって，志望大学の合格をつかむことを願っています。

本書の特長

勉強法・歴史総合・世界史探究の３部構成

この本は，以下の３部から構成されています。読んで理解するための本ですので，どこから始めても学習できるようになっています。

- **第Ⅰ部** 共通テスト「歴史総合，世界史探究」の内容と勉強法
- **第Ⅱ部** 歴史総合の流れと枠組み
- **第Ⅲ部** 世界史探究の流れと枠組み

※第Ⅰ部と第Ⅱ部は，細部で違いはありますが，『歴史総合，日本史探究　流れと枠組みを整理して理解する』『歴史総合,世界史探究　流れと枠組みを整理して理解する』で同じ内容になっています。

全ページ，見開き２ページ完結で読みやすい

勉強法３テーマ，歴史総合33テーマ，世界史探究50テーマを，Q&A方式で，原則，見開き２ページ完結で解説しています。

区切りがわかりやすく，読みやすい形式になっています。「Q&A」の「ANSWER」はテーマのまとめにもなっていますので，ここだけさっと読んでも要点をつかむことができます。

単なる整理・まとめではなく，文章中心の解説

共通テストでは「問題を読んで考える」出題が増えています。

この本は，文章での解説を中心にしているので，読解力も同時に養えます。

本書の特設サイトはこちら

共通テスト「歴史総合，世界史探究」について，傾向と対策を動画で説明！

https://service.obunsha.co.jp/tokuten/rekishisougou_otasuke/

本書の使い方

歴史総合と世界史探究について，この本の全体の「枠組み」のなかで，ここで扱っているテーマを示しています。また，年表と地図によって，扱っている時代・地域が一目でわかる仕組みになっています。

この単元で
とくにおさえてお
きたいキーワード
を示しています。

すべての単元はＱ＆Ａ
で構成されています。
この部分を読むだけ
でもテーマの要点が
つかめます。

ひとことは，
本文の補足となる
内容で，とくに解
説が必要だと思わ
れる用語を取り上
げています。

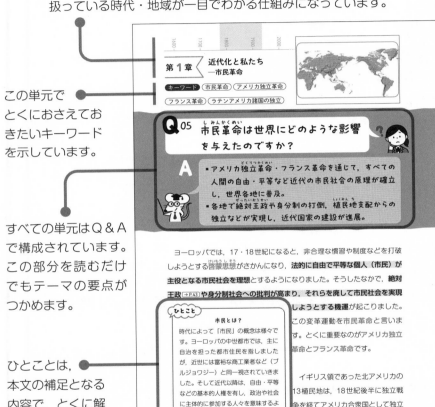

ネズミ先生
本書の世界史担当，
清水先生の代理

パンダ先生
本書の日本史担当，
梶沼先生の代理

本文は，重要な用語を青い太字，重要な文章を
青マーカーと黒い太字で示しています。

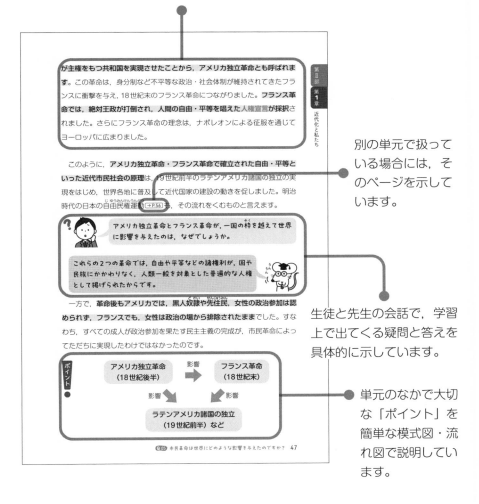

が主権をもつ共和国を実現させたことから，**アメリカ独立革命**とも呼ばれます。この革命は，身分制など不平等な政治・社会体制が維持されてきたフランスに衝撃を与え，18世紀末のフランス革命につながりました。**フランス革命では，絶対王政が打倒され，人間の自由・平等を唱えた人権宣言が採択さ**れました。さらにフランス革命の理念は，ナポレオンによる征服を通じてヨーロッパに広まりました。

このように，**アメリカ独立革命・フランス革命で確立された自由・平等といった近代市民社会の原理**は，19世紀前半のラテンアメリカ諸国の独立の実現をはじめ，世界各地に普及して近代国家の建設の動きを促しました。明治時代の日本の自由民権運動（→P.56）も，その流れをくむものと言えます。

アメリカ独立革命とフランス革命が，一国の枠を越えて世界に影響を与えたのは，なぜでしょうか。

これらの2つの革命では，自由や平等などの諸権利が，国や民族にかかわりなく，人類一般を対象とした普遍的な人権として掲げられたからです。

一方で，**革命後もアメリカでは，黒人奴隷や先住民，女性の政治参加は認められず，フランスでも，女性は政治の場から排除されたままでした。**すなわち，すべての成人が政治参加を果たす民主主義の完成が，市民革命によってただちに実現したわけではなかったのです。

ポイント

アメリカ独立革命
（18世紀後半） → 影響 → フランス革命
（18世紀末）

↓ 影響 ↘ 影響

ラテンアメリカ諸国の独立
（19世紀前半） など

Q.05 市民革命は世界にどのような影響を与えたのですか？ 47

別の単元で扱っている場合には，そのページを示しています。

生徒と先生の会話で，学習上で出てくる疑問と答えを具体的に示しています。

単元のなかで大切な「ポイント」を簡単な模式図・流れ図で説明しています。

生徒たち
教科書の歴史用語を丸暗記する学習を続けてきていて，大きな歴史の流れがあやふやになっている

5

もくじ

はじめに……………………………………………………… 2

本書の特長 ……………………………………………………… 3

本書の使い方 …………………………………………………… 4

時代順のもくじ ………………………………………………… 12

第Ⅰ部 共通テスト「歴史総合，世界史探究」の内容と勉強法 … 17

Q1 共通テスト「歴史総合，世界史探究」はどのように出題されますか？…… 18
　　▶実際の共通テスト問題を見てみよう ……………………… 20
Q2 共通テスト「歴史総合，世界史探究」には，他にどのような特徴がありますか？
　　………………………………………………………………… 24
　　▶実際の共通テスト問題を見てみよう ……………………… 26
Q3 共通テスト「歴史総合，世界史探究」は，どのように勉強すればいいのですか？
　　………………………………………………………………… 30
　　▶実際の共通テスト問題を見てみよう ……………………… 32

第Ⅱ部 歴史総合の流れと枠組み ……………………… 37

第0章　歴史総合について
Q01「歴史総合で気をつけるべき点はどこですか？」……………… 38

第1章　近代化と私たち
Q02「近代化とはどういうことですか？」―近代化 ………………… 40
Q03「『近代』になる前の世界はどうだったのですか？」……………… 42
　　―「近代」になる前の世界
Q04「産業革命は世界にどのような影響を与えたのですか？」―産業革命 …… 44
Q05「市民革命は世界にどのような影響を与えたのですか？」―市民革命 …… 46

Q06 「国民国家とは何ですか？　どのように形成されたのですか？」･･･････ **48**

　　　―国民国家

Q07 「アジアの植民地化・従属化はどのように進んだのですか？」･･･････ **50**

　　　―アジアの植民地化・従属化

Q08 「中国・日本が開港・開国したきっかけは何ですか？」････････････ **52**

　　　―中国・日本の開港・開国

Q09 「日本が近代国家になるために行ったことは何ですか？」･･･････････ **54**

　　　―日本の近代化

Q10 「日本の憲法・国会はどのように整備されたのですか？」･･････････ **56**

　　　―日本の憲法制定・国会開設

Q11 「日清戦争で日本・清・朝鮮はどうなったのですか？」―日清戦争･･･････ **58**

Q12 「日本の産業革命はどのように進んだのですか？」―日本の産業革命 ･･････ **60**

Q13 「列強はなぜ帝国主義を進めたのですか？」―帝国主義･･･････････････ **62**

Q14 「日露戦争で日本と周辺の国はどうなったのですか？」―日露戦争･･･････ **64**

▶実際の共通テスト問題を見てみよう ･･･････････････････････････ **66**

第2章　国際秩序の変化や大衆化と私たち

Q15 「大衆化とはどういうことですか？」―大衆化･･･････････････････････ **70**

Q16 「第一次世界大戦はどのような影響を与えたのですか？」･････････････ **72**

　　　―第一次世界大戦

Q17 「第一次世界大戦後の世界の枠組みはどのようになったのですか？」･････ **74**

　　　―第一次世界大戦後の世界

Q18 「大衆消費社会とは何ですか？　どうして始まったのですか？」･･･････ **76**

　　　―大衆消費社会

Q19 「大正時代になぜ社会運動・労働運動がさかんになったのですか？」･････ **78**

　　　―大正デモクラシー

Q20 「世界恐慌はどのような影響を与えたのですか？」―世界恐慌･･････････ **80**

Q21 「ファシズムとは何ですか？　なぜ台頭したのですか？」―ファシズム ･････ **82**

Q22 「満洲事変の背景と影響はどのようなものですか？」―満洲事変 ･･･････ **84**

Q23「日中戦争の背景と影響はどのようなものですか？」―日中戦争 ・・・・・・・・・・ 86

Q24「第二次世界大戦の影響はどのようなものですか？」―第二次世界大戦 ・・・・・・ 88

Q25「第二次世界大戦後の国際秩序はどうなったのですか？」・・・・・・・・・・・・・・・ 90

　　　 ―第二次世界大戦後の世界

Q26「日本の占領政策はどのように進められたのですか？」―日本の占領 ・・・・・・・ 92

▶実際の共通テスト問題を見てみよう ・・・・・・・・・・・・・・・・・・・・・・・・・・・・・・・・・・ 94

第3章　グローバル化と私たち

Q27「グローバル化とはどういうことですか？」―グローバル化・・・・・・・・・・・・・・・ 98

Q28「冷戦はどのように進行したのですか？」―1950〜60年代の世界 ・・・・・・・・・・100

Q29「冷戦の時代のアジア・アフリカはどうなったのですか？」・・・・・・・・・・・・・・・102

　　　 ―冷戦期のアジア・アフリカ

Q30「石油危機で世界はどのように変わったのですか？」―石油危機・・・・・・・・・・・104

Q31「冷戦はどのように終結したのですか？」―冷戦の終結 ・・・・・・・・・・・・・・・・・106

Q32「冷戦の時代の日本の政治・外交・経済はどうだったのですか？」・・・・・・・・・108

　　　 ―冷戦期の日本

Q33「現代の世界と日本にはどのような課題があるのですか？」・・・・・・・・・・・・・・・110

　　　 ―現代の世界と日本

▶実際の共通テスト問題を見てみよう ・・・・・・・・・・・・・・・・・・・・・・・・・・・・・・・・・・112

第 Ⅲ 部　世界史探究の流れと枠組み ・・・・・・・・・・・・・・・・・・・・・・・・・・・121

第1章　オリエント・地中海世界

Q01「世界史でいう古代とはどういう時代ですか？」・・・・・・・・・・・・・・・・・・・・・・・・122

Q02「古代オリエント世界ではどのような政治が行われたのですか？」・・・・・・・124

Q03「ギリシア世界がのちのヨーロッパに与えた影響は何ですか？」・・・・・・・126

Q04「ヘレニズム時代の特徴は何ですか？」・・・・・・・・・・・・・・・・・・・・・・・・・・・・・・128

Q05「ギリシア世界とローマ世界の違いは何ですか？」・・・・・・・・・・・・・・・・・・・・130

第2章　南アジア・東南アジア世界

Q06「古代インドで形成された社会や文化の特徴は何ですか?」‥‥‥‥‥132

Q07「東南アジアで成立した国家の特徴は何ですか?」‥‥‥‥‥‥134

▶実際の共通テスト問題を見てみよう‥‥‥‥‥‥‥‥‥‥‥‥‥‥‥136

第3章　東アジア世界

Q08「中国で成立した初期の王朝の特徴は何ですか?」‥‥‥‥‥‥140

Q09「秦や漢の時代につくられた帝国支配の仕組みはどのようなものですか?」
‥‥‥‥‥‥‥‥‥‥‥‥‥‥‥‥‥‥‥‥‥‥‥‥‥‥‥‥‥‥‥142

Q10「漢が滅んだあと,中国はどうなったのですか?」‥‥‥‥‥‥144

Q11「隋や唐はどのようにして東アジア世界の中心に発展したのですか?」‥146

Q12「唐の時代と宋の時代で中国社会はどう変化したのですか?」‥‥‥148

Q13「モンゴル帝国の拡大は,世界にどのような変化を与えたのですか?」‥150

Q14「明と清の国内統治の違いは何ですか?」‥‥‥‥‥‥‥‥‥‥152

Q15「明と清の時代は,どのような対外政策が行われたのですか?」‥‥‥154

▶実際の共通テスト問題を見てみよう‥‥‥‥‥‥‥‥‥‥‥‥‥‥‥156

第4章　イスラーム世界

Q16「イスラーム教は,西アジアや北アフリカにどのような影響を与えたのです
か?」‥‥‥‥‥‥‥‥‥‥‥‥‥‥‥‥‥‥‥‥‥‥‥‥‥‥‥‥160

Q17「イスラーム教は,諸地域にどのように広がったのですか?」‥‥‥‥162

Q18「オスマン帝国・サファヴィー朝・ムガル帝国の特徴は何ですか?」‥‥164

▶実際の共通テスト問題を見てみよう‥‥‥‥‥‥‥‥‥‥‥‥‥‥‥166

第5章　中世ヨーロッパ世界

Q19「世界史でいう中世とはどういう時代ですか?」‥‥‥‥‥‥‥‥170

Q20「中世のヨーロッパでは,どのような国家がつくられたのですか?」‥‥172

Q21「十字軍は,西ヨーロッパ世界にどのような変化を与えたのですか?」‥174

Q22 「中世の西ヨーロッパ社会は，どのように近世の社会に変化したのですか？」
....176

第6章　近世ヨーロッパ世界

Q23 「世界史でいう近世とはどういう時代ですか？」............................178
Q24 「ルネサンスや宗教改革で，西ヨーロッパはどのように変化したのですか？」
....180
Q25 「ヨーロッパの海洋進出（大航海時代）は，世界にどのような影響を与えた
のですか？」..182
Q26 「主権国家体制とは何ですか？　どのように成立したのですか？」........184
Q27 「近世にオランダ・イギリス・フランスはどのように台頭したのですか？」
....186
Q28 「近世のドイツやロシアにはどのような国家が台頭したのですか？」.....188
Q29 「産業革命はどうしてイギリスで始まったのですか？」....................190
▶実際の共通テスト問題を見てみよう..192

第7章　近代ヨーロッパ・アメリカ世界

Q30 「独立したアメリカ合衆国は，どのような国だったのですか？」.........196
Q31 「フランス革命は，フランスの政治をどのように変化させたのですか？」
....198
Q32 「ウィーン体制とは何ですか？　どのように崩壊したのですか？」........200
Q33 「19世紀後半のイギリス・フランス・ロシアはどう変化したのですか？」
....202
Q34 「イタリア・ドイツはどのように国民国家になったのですか？」.........204
Q35 「19世紀にアメリカ合衆国が世界一の工業国になったのはなぜですか？」
....206
▶実際の共通テスト問題を見てみよう..208

第8章　帝国主義列強とアジア・アフリカ

Q36「オスマン帝国や西アジア地域はどのように列強の進出に対抗したのですか？」 ………………………………………………………… 212

Q37「南アジア・東南アジアはどのように植民地化に対抗したのですか？」 … 214

Q38「清は列強の進出でどのように変わったのですか？」 ……………… 216

Q39「開国後の朝鮮は，どのように周辺国の干渉に対抗したのですか？」 ……218

Q40「列強はどのようにアフリカ・太平洋地域を分割していったのですか？」 ………………………………………………………………… 220

▶実際の共通テスト問題を見てみよう ……………………………… 222

第9章　二つの世界大戦

Q41「世界最初の社会主義国は，どのように成立したのですか？」 ………… 226

Q42「第一次世界大戦後の西アジアでは，どのような民族運動が起こったのですか？」 ………………………………………………………… 228

Q43「第一次世界大戦後の南アジア・東南アジアではどのような民族運動が起こったのですか？」 ……………………………………………… 230

Q44「第一次世界大戦後の東アジアではどのような民族運動が起こったのですか？」 ………………………………………………………… 232

Q45「第二次世界大戦はどのように広がっていったのですか？」 ………… 234

▶実際の共通テスト問題を見てみよう ……………………………… 236

第10章　第二次世界大戦後の世界

Q46「核兵器の開発競争や核軍縮はどのように進んだのですか？」 ………… 240

Q47「パレスチナ問題とは何ですか？」 …………………………………… 242

Q48「ベトナム戦争はどのように起こったのですか？」 ………………… 244

Q49「冷戦の終結は，世界にどのような影響を与えたのですか？」 ………… 246

Q50「中国（中華人民共和国）はどのようにして経済大国となったのですか？」 ………………………………………………………………… 248

▶実際の共通テスト問題を見てみよう ……………………………… 250

「第Ⅲ部　世界史探究の流れと枠組み」の単元（**Q01**〜**Q50**）を時代順に並べ直しました。この順番に沿って単元を読み進めていくことで，世界史をタテの流れの枠組み（時代順）で理解することもできます。ぜひ活用してください。

第Ⅲ部 世界史探究の流れと枠組み ……………………121

①古代（前半）：〜紀元前後

Q01「世界史でいう古代とはどういう時代ですか？」…………………122

Q02「古代オリエント世界ではどのような政治が行われたのですか？」………124

Q06「古代インドで形成された社会や文化の特徴は何ですか？」…………132

Q08「中国で成立した初期の王朝の特徴は何ですか？」………………140

Q09「秦や漢の時代につくられた帝国支配の仕組みはどのようなものですか？」
………………………………………………142

Q03「ギリシア世界がのちのヨーロッパに与えた影響は何ですか？」………126

Q04「ヘレニズム時代の特徴は何ですか？」……………………………128

②古代（後半）：紀元前後〜5C

Q05「ギリシア世界とローマ世界の違いは何ですか？」…………………130

Q07「東南アジアで成立した国家の特徴は何ですか？」………………134

Q10「漢が滅んだあと，中国はどうなったのですか？」………………144

Q11「隋や唐はどのようにして東アジア世界の中心に発展したのですか？」…146

③中世（前半）：6C〜10C

Q19「世界史でいう中世とはどういう時代ですか？」…………………170

Q20「中世のヨーロッパでは，どのような国家がつくられたのですか？」……172

Q16「イスラーム教は，西アジアや北アフリカにどのような影響を与えたのですか？」………………………………………………160

Q12「唐の時代と宋の時代で中国社会はどう変化したのですか？」‥‥‥‥148

④中世（後半）：11 C〜14 C

Q17「イスラーム教は，諸地域にどのように広がったのですか？」‥‥‥‥162

Q13「モンゴル帝国の拡大は，世界にどのような変化を与えたのですか？」‥‥150

Q21「十字軍は，西ヨーロッパ世界にどのような変化を与えたのですか？」‥‥174

Q22「中世の西ヨーロッパ社会は，どのように近世の社会に変化したのですか？」
‥‥‥‥‥‥‥‥‥‥‥‥‥‥‥‥‥‥‥‥‥‥‥‥‥‥‥‥‥‥176

⑤近世：15〜17 C

Q23「世界史でいう近世とはどういう時代ですか？」‥‥‥‥‥‥‥‥178

Q25「ヨーロッパの海洋進出（大航海時代）は，世界にどのような影響を与えた
のですか？」‥‥‥‥‥‥‥‥‥‥‥‥‥‥‥‥‥‥‥‥‥‥‥182

Q18「オスマン帝国・サファヴィー朝・ムガル帝国の特徴は何ですか？」‥‥‥164

Q14「明と清の国内統治の違いは何ですか？」‥‥‥‥‥‥‥‥‥‥152

Q15「明と清の時代は，どのような対外政策が行われたのですか？」‥‥‥‥154

Q24「ルネサンスや宗教改革で，西ヨーロッパはどのように変化したのですか？」
‥‥‥‥‥‥‥‥‥‥‥‥‥‥‥‥‥‥‥‥‥‥‥‥‥‥‥‥‥180

Q26「主権国家体制とは何ですか？　どのように成立したのですか？」‥‥‥184

Q27「近世にオランダ・イギリス・フランスはどのように台頭したのですか？」
‥‥‥‥‥‥‥‥‥‥‥‥‥‥‥‥‥‥‥‥‥‥‥‥‥‥‥‥‥186

Q28「近世のドイツやロシアにはどのような国家が台頭したのですか？」‥‥‥188

⑥近代：18C〜第二次世界大戦

Q29「産業革命はどうしてイギリスで始まったのですか？」‥‥‥‥‥‥190

Q30「独立したアメリカ合衆国は，どのような国だったのですか？」‥‥‥‥196

Q31「フランス革命は，フランスの政治をどのように変化させたのですか？」
‥‥‥‥‥‥‥‥‥‥‥‥‥‥‥‥‥‥‥‥‥‥‥‥‥‥‥‥‥198

Q32「ウィーン体制とは何ですか？　どのように崩壊したのですか？」‥‥‥200

Q33 「19世紀後半のイギリス・フランス・ロシアはどう変化したのですか？」

·· 202

Q34 「イタリア・ドイツはどのように国民国家になったのですか？」········ 204

Q35 「19世紀にアメリカ合衆国が世界一の工業国になったのはなぜですか？」

·· 206

Q36 「オスマン帝国や西アジア地域はどのように列強の進出に対抗したのです

か？」 ·· 212

Q37 「南アジア・東南アジアはどのように植民地化に対抗したのですか？」··· 214

Q38 「清は列強の進出でどのように変わったのですか？」···················· 216

Q39 「開国後の朝鮮は，どのように周辺国の干渉に対抗したのですか？」····· 218

Q40 「列強はどのようにアフリカ・太平洋地域を分割していったのですか？」

·· 220

Q41 「世界最初の社会主義国は，どのように成立したのですか？」·········· 226

Q42 「第一次世界大戦後の西アジアでは，どのような民族運動が起こったのです

か？」 ·· 228

Q43 「第一次世界大戦後の南アジア・東南アジアではどのような民族運動が起こっ

たのですか？」 ··· 230

Q44 「第一次世界大戦後の東アジアではどのような民族運動が起こったのです

か？」 ·· 232

Q45 「第二次世界大戦はどのように広がっていったのですか？」············· 234

⑦現代：戦後〜現在

Q46 「核兵器の開発競争や核軍縮はどのように進んだのですか？」·········· 240

Q47 「パレスチナ問題とは何ですか？」···································· 242

Q48 「ベトナム戦争はどのように起こったのですか？」······················ 244

Q49 「冷戦の終結は，世界にどのような影響を与えたのですか？」·········· 246

Q50 「中国（中華人民共和国）はどのようにして経済大国となったのですか？」

·· 248

著者
紹介

・**清水裕子**（世界史担当）　河合塾世界史科講師，東進ハイスクール・東進衛星予備校講師。東京大学文学部卒，東京大学大学院人文社会系研究科博士課程単位取得退学。すべての事象は歴史から解明できるとの信念のもと，恋愛から国際金融まで日々分析。地図と年表を効果的に使って歴史のタテ・ヨコ・ナナメをつなげ，巨視的視点で切り込んでいく授業展開は，受験生から絶大な信頼を集める。著書に『大学入学共通テスト 世界史Bが1冊でしっかりわかる本』（かんき出版），『大学入学共通テスト 世界史Bの点数が面白いほどとれる一問一答』（KADOKAWA），『東進共通テスト実戦問題集世界史B』（東進ブックス）などがある。
・**梶沼和彦**（日本史担当）　河合塾日本史科講師。

〔編集協力〕株式会社 友人社　〔本文デザイン〕大貫としみ（ME TIME）
〔校正〕株式会社 友人社，株式会社 東京出版サービスセンター，稲葉友子
〔本文図版〕幸和印刷 株式会社　〔本文イラスト〕小林由枝（有限会社 熊アート），川上潤
〔写真提供〕アフロ

第 I 部

共通テスト
「歴史総合，世界史探究」の
内容と勉強法

Q 01 共通テスト「歴史総合，世界史探究」はどのように出題されますか？

A

- 歴史総合（主に18世紀以降の世界と日本の歴史）と，世界史探究の全範囲から出題される。
- 覚える用語自体は，少なくなると推測される。
- 歴史総合の範囲は，「近代化」「大衆化」「グローバル化」に関する内容に注目。

歴史総合が範囲に入っているということは，世界史だけではなくて，日本史の内容も出題されるのですね。

そうです。ただし，日本史的な問題は歴史総合の範囲なので，「主に18世紀以降の日本の歴史」に限られます。

　世界史を中心に勉強している受験生の皆さんが一番不安に思うのは，共通テスト「歴史総合，世界史探究」には，歴史総合の内容，つまり日本史の内容が含まれていることでしょう。

　しかし，不安に感じる必要はありません。近年始まった共通テストは，かつてのセンター試験と比較して，**覚えておかなければならない用語は減少しているからです。**

　まず，共通テストでは，資料や図版，グラフや統計などの読解問題が増えました。また，ある史実についての「見方」と「根拠」の組合せを選ぶ問題など，センター試験のような文章の正誤を判断する問題や年代を古いものから並べかえる問題とは異なった問題も見られます。その分，歴史用語や年号

を英単語のように一問一答形式で暗記しておけばすぐに答えがわかるような問題は，減少しているのです。

　そのため，定期テストなどで文章の空欄穴埋め問題ならきちんと点数がとれている人でも，実際の共通テストの問題を解いてみると，けっこうむずかしく感じるはずです。共通テストは，がむしゃらに教科書の太字の用語だけを覚えればよいというテストではないのです。

　ではどのように学習すればよいのでしょうか。その答えは，**「今は，どういう時代を，どういう分野で，学んでいるのか」「この時代は，前の時代から，何がどう変化したのか」**などという，時代の枠組みや特徴などの，**大きな視点を最初につかんでおくことです。**
　こう説明すると，むずかしく聞こえるでしょうか？　しかし，これらは，**教科書の章などのタイトルや扉のページで説明されていることなのです。**

　たとえば「歴史総合」のタイトルは，「近代化」「大衆化」「グローバル化」に大きく分けられています。したがって，そのような視点を重視して出題されると考えられます。また，学習指導要領に示されている，現代的な諸課題を歴史的に捉えるための例，すなわち「自由・制限」「平等・格差」「開発・保全」「統合・分化」「対立・協調」の観点を，意識しながら学習してみましょう。

実際の共通テスト問題を見てみよう

> 問題文の冒頭に示されているとおり，近代化に関する問題です。

（2021年『歴史総合』サンプル問題）

　「歴史総合」の授業で，世界の諸地域における近代化の過程について，ある主題を設定して，資料を基に追究した。次の文章を読み，後の問いに答えよ。（資料には，省略したり，現代日本語に訳すなど改めたりしたところがある。）

　授業では，アジアにおける憲法の制定に着目し，次の二つの資料を踏まえて主題を追究した。

資料1　オスマン帝国憲法（ミドハト憲法）

第4条	スルタン陛下はカリフ位によりイスラーム教の守護者であり，全臣民の元首にしてスルタンである。
第8条	オスマン国籍を有する者は全て，いかなる宗教及び宗派に属していようとも，例外なくオスマン人と称される。
第11条	帝国の国教はイスラーム教である。この原則を遵守し，かつ人民の安全または公共良俗を侵さない限り，帝国領において認められているあらゆる宗教行為の自由，及び諸々の宗派共同体に与えられてきた宗教的特権の従来通りの行使は，国家の保障の下にある。
第113条	国土の一部で混乱が生じることが確実な証拠や徴候が認められる場合，政府はその地域に限り臨時に戒厳を布告する権利を有する。（略）国家の安全を侵害したことが，（略）明らかになった者を神護の帝国領から追放し，退去させることはただスルタン陛下のみが行使することのできる権限である。

資料2　大日本帝国憲法

第1条	大日本帝国は万世一系の天皇が統治する。
第3条	天皇は神聖であり，侵してはならない。
第7条	天皇は帝国議会を召集し，開会・閉会・停会及び衆議院の解散を命じる。
第11条	天皇は陸海軍を統帥する。
第14条	天皇は戒厳を布告する。

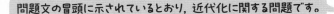

実際の共通テスト問題を見てみよう

> 問題文の冒頭に示されているとおり，近代化に関する問題です。

（2021年『歴史総合』サンプル問題）

　「歴史総合」の授業で，世界の諸地域における近代化の過程について，ある主題を設定して，資料を基に追究した。次の文章を読み，後の問いに答えよ。（資料には，省略したり，現代日本語に訳すなど改めたりしたところがある。）

　授業では，アジアにおける憲法の制定に着目し，次の二つの資料を踏まえて主題を追究した。

資料1　オスマン帝国憲法（ミドハト憲法）

第4条	スルタン陛下はカリフ位によりイスラーム教の守護者であり，全臣民の元首にしてスルタンである。
第8条	オスマン国籍を有する者は全て，いかなる宗教及び宗派に属していようとも，例外なくオスマン人と称される。
第11条	帝国の国教はイスラーム教である。この原則を遵守し，かつ人民の安全または公共良俗を侵さない限り，帝国領において認められているあらゆる宗教行為の自由，及び諸々の宗派共同体に与えられてきた宗教的特権の従来通りの行使は，国家の保障の下にある。
第113条	国土の一部で混乱が生じることが確実な証拠や徴候が認められる場合，政府はその地域に限り臨時に戒厳を布告する権利を有する。（略）国家の安全を侵害したことが，（略）明らかになった者を神護の帝国領から追放し，退去させることはただスルタン陛下のみが行使することのできる権限である。

資料2　大日本帝国憲法

第1条	大日本帝国は万世一系の天皇が統治する。
第3条	天皇は神聖であり，侵してはならない。
第7条	天皇は帝国議会を召集し，開会・閉会・停会及び衆議院の解散を命じる。
第11条	天皇は陸海軍を統帥する。
第14条	天皇は戒厳を布告する。

20　第Ⅰ部　共通テスト「歴史総合，世界史探究」の内容と勉強法

問　水谷さんは，**資料1**と**資料2**が制定された経緯を調べ，共通の背景と個別の事情を次の**カード**にまとめた。**カード**中の空欄　ア　～　ウ　に当てはまる語句の組合せとして正しいものを，後の①～④のうちから一つ選べ。

カード

憲法制定の共通の背景

どちらも　　ア　　ため，欧米型の政治体制を整える必要に迫られていた。

憲法制定の個別の事情

・オスマン帝国は，　　イ　　から議会制の立憲国家に変わることで，領内の非ムスリムをつなぎ止め，国民として位置付けようとした。

・日本が立憲国家・議会政治の道に進んでいったことの国内的な背景には，幕末以来，　　ウ　　公議政体の考え方が国内で広く唱えられていたことが挙げられる。

---

① ア ― 欧米列強の政治的圧力や経済的進出に対抗する
　 イ ― イスラームの規範に基づく国家
　 ウ ― 広く意見を集めて政治を行うべきとする

② ア ― 欧米列強の政治的圧力や経済的進出に対抗する
　 イ ― 政教分離に基づく世俗国家
　 ウ ― 翼賛体制で挙国一致を目指す

2つも資料があるし，しかも片方は大日本帝国憲法なんですね……。

③ ア ― 社会主義思想に基づく革命運動を抑える
　 イ ― 政教分離に基づく世俗国家
　 ウ ― 広く意見を集めて政治を行うべきとする

④ ア ― 社会主義思想に基づく革命運動を抑える
　 イ ― イスラームの規範に基づく国家
　 ウ ― 翼賛体制で挙国一致を目指す

資料があるとむずかしそうに見えるかもしれませんが，4択なので，わかるところから選択肢をしぼりましょう。

これは歴史総合のサンプルとして公表された問題の一部です。「近代化」の事例として，憲法の制定に関するものです。★印を付けた部分を確認しましょう。

　ウ　は「公議政体」の内容が入るのですよね？　やっぱり歴史総合で学んだ，幕末以来の日本の国内情勢をしっかり覚えていないといけないのですか……？

この問題は，幕末や明治維新に関する詳細な知識がなくても解くことができます。問題文と資料を読んで考えてみましょう。

　オスマン帝国のミドハト憲法と，日本の大日本帝国憲法成立の「共通の背景」と「個別の事情」について，カード中の空欄を埋める問題です。

　まず，2国の「共通の背景」として何が入るか，　ア　から考えてみましょう。

　ア　は，もし歴史総合の内容をすっかり忘れてしまっていて，日本の幕末・明治維新の歴史がうろ覚えでも，世界史の知識があればだいじょうぶです。オスマン帝国と日本の「共通の背景」なので，ミドハト憲法が制定される前のオスマン帝国の状況だけでも理解できていれば，解答を選ぶことができます。**オスマン帝国は19世紀前半以来，欧米諸国に対抗できる国力をつけるために，さまざまな改革を進めてきました。**　ア　には，「欧米列強の政治的圧力や経済的進出に対抗する」が入ります。

　ここで，選択肢は，①か②にしぼられました。

次に2国の「個別の事情」ですが、世界史を中心に学習している皆さんは、これも、オスマン帝国の方が考えやすいと思いますので、　イ　を見てみましょう。

オスマン帝国は、**資料1のとおり、イスラーム教の帝国**です。　イ　から「議会制の立憲国家に変わる」と説明されるとき、ふさわしいのは、「政教分離に基づく世俗国家」ではなく「イスラームの規範に基づく国家」でしょう。

　ア　と　イ　が決まると、解答は①になりますね。

　ウ　についても、確認しておきましょう。　ウ　の後ろには、「公議政体」という語があります。これは、「公衆の議論によって行う政治」という意味なので、　ウ　には「広く意見を集めて政治を行うべきとする」が当てはまります。

もちろん、世界史の知識だけでうまく解ける問題ばかりが出題されるわけではありません。ですが、このように、**「世界と日本の『近代化』の、共通点と相違点を考える」**問題は、歴史総合で頻出のテーマになると推測されます。

近代化については、後のページでもポイントを説明します→P.40。世界史における近代化を理解したうえで、日本と関係する内容をチェックするとよいでしょう。

> この問題は、細かな用語の知識ではなく、二国の憲法制定前後の背景や展開の理解が重要になります。このような問題が、用語の単純暗記では解きにくい問題といえます。

Q02 共通テスト「歴史総合,世界史探究」には,他にどのような特徴がありますか?

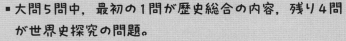

A

- 大問5問中,最初の1問が歴史総合の内容,残り4問が世界史探究の問題。
- 配点は,4分の1が歴史総合。
- 思考力・判断力が問われ,解答に時間がかかる。

(2022年11月公開の試作問題より)

●歴史総合の出題は全体の4分の1

共通テスト「歴史総合,世界史探究」における,歴史総合と世界史探究の割合は,以下のようになっています。

・大問でいうと,5問中,最初の1問が歴史総合,残り4問が世界史探究。

・問題数でいうと,33問中,9問が歴史総合,24問が世界史探究。

・配点でいうと,100点中,25点が歴史総合,75点が世界史探究。

配点の4分の1が歴史総合なのですね,思っていたよりも多いなあ。

ですが,Q1で見たとおり,歴史総合の問題は,出題される大きなテーマが推測できますよ。

●世界史探究は全時代・全地域・全分野から出題される

世界史探究は,大問ごとに大きなテーマはありますが,そのなかの小問では時代や地域はバラバラに出題されることが多く,教科書で学習する順に出題されるわけではありません。分野も,政治史,社会・経済史,文化史などが,バランスよく出題されます。

近現代史もやはり出るんですね。政治史以外の，社会・経済史も文化史もきちんと勉強しないといけないし……。

学校の授業でまだ近現代史を学んでいなくても，この本で枠組(わくぐ)みだけでも先に見ておくとよいでしょう。

●問題の特徴は，「思考力・判断力を問う」こと

　共通テストの問題の大きな特徴は，「思考力・判断力を問う」ことです。具体的には，以下の点があげられます。

　　・歴史事項の内容や，因果(いんが)関係，時代の概観(がいかん)から判断する問題。

　　・文字資料・図版・グラフ・統計などを用いた読解問題。

　文章や会話文を読んで判断する問題，単純な正誤判定などではなく設問の意図を把握(はあく)する必要がある問題，複数の資料から総合的に判断する問題などが増えたため，センター試験のときより，解くのに時間がかかる傾向があります。

共通テストを受けた先輩が，「本番は時間が足りなかった！」と言っていました。

それだけ，読む文章の量が多くなっており，深く考えないと解けない問題が増えたということです。

実際の共通テスト問題を見てみよう

交通革命による「世界の一体化」に関する問題です。
世界の一体化は，近代化やグローバル化の一例ですね。

(2022年試作問題『歴史総合，日本史探究』)

　歴史総合の授業で，「人やモノの移動とその影響」という主題を設定し，環太平洋地域を取り上げて，各班で発表をまとめた。班の発表について述べた次の文章を読み，後の問いに答えよ。

　上原さんの班は，19世紀の交通革命による世界の一体化の進行に関心を持ち，太平洋がそれとどう関わったかに着目して，調べたことを**パネル**にまとめた。

パネル

◇**交通革命とは何か**

・主に1850年代から1870年代にかけて進行した，世界の陸上・海上の交通体系の一大変革を指す。

・船舶・鉄道など交通手段の技術革新と，新しい交通路の開発とによって，移動の時間・距離の大幅な短縮と定期的・安定的な移動・輸送の確立とが実現した。

◇**海路における交通革命の主役＝蒸気船**

〈強み〉快速で，帆船と違って風向や海流などの自然条件に左右されにくい。

〈弱み〉燃料の　ア　の補給ができる寄港地が必要。

◇**交通革命と太平洋**

・18世紀以降，北太平洋には，欧米の船が海域の調査や物産の獲得，外交・通商の交渉などを目的として進出していた。しかし，19世紀半ばまで，蒸気船を用いて太平洋を横断する定期的な交通は確立していなかった。

・アメリカ合衆国は，中国貿易の拡大を目指して太平洋への進出を図った。後の図を見ると，代表的な貿易港である上海まで，アメリカ合衆国から蒸気船で最短距離で行くには，必ず日本周辺を経由することが分かる。ⓐアメリカ合衆国が，航路の安全を確保し，かつ蒸気船が往復の航海で必要とする　ア　を入手するためには，日本と関係を結ぶ必要があった。

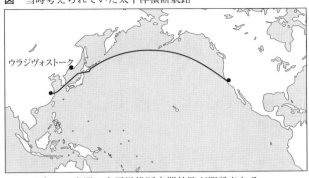

図　当時考えられていた太平洋横断航路

ウラジヴォストーク

→ 1867 年，日米間の太平洋横断定期航路が開設される。

まとめ：★世界周回ルートの成立で，1870 年代には世界の一体化が大きく進展。

問　文章中の空欄　　ア　　に入る語句**あ・い**と，下線部ⓐを目的になされた出来事
X ～ Z との組合せとして正しいものを，後の①～⑥のうちから一つ選べ。

　ア　に入る語句
あ　石油　　　**い**　石炭

下線部ⓐを目的になされた出来事
X　モンロー教書（モンロー宣言）の発表
Y　日本に対するハル＝ノートの提示
Z　日米和親条約の締結

① **あ－X**　　② **あ－Y**　　③ **あ－Z**
④ **い－X**　　⑤ **い－Y**　　⑥ **い－Z**

交通革命って
何ですか？

パネルに説明があ
ります。ただ，知ら
なくても問題を解く
ことはできます。

これは，試作問題「歴史総合，日本史探究」の第1問，歴史総合の問題です。「歴史総合，世界史探究」の問題ではありませんが，歴史総合の問題例として掲載します。★印は「世界の一体化」でとくに注目してほしい部分です。

説明文だけでなく地図もあって，たいへんそうですね。

地図があると，とっつきにくい問題に見えますね。わかるところから考えていきましょう。

　　アに入る語句と，下線部ⓐを目的になされた出来事の組合せを選ぶ問題です。

　　アについて考えましょう。アは，パネル中で2回出てきます。「〈(蒸気船の) 弱み〉燃料のアの補給ができる寄港地が必要」と，「ⓐアメリカ合衆国が，航路の安全を確保し，かつ蒸気船が往復の航海で必要とするアを入手するためには，日本と関係を結ぶ必要があった」です。

　　蒸気船の燃料は何でしょうか？　選択肢は「石油」と「石炭」です。蒸気船は，文字どおり蒸気を動力にして航行する船です。石炭をエネルギー源とする蒸気機関が，船に応用されたのでした。また，時期としては，パネルの説明文と地図から，アメリカが「日本と関係を結」んだり，「1867年，日米間の太平洋横断定期航路が開設される」より前のことだとわかります。欧米諸国で，石油や電力が動力源として本格的に利用され始めるのは，1870年代頃からの第2次産業革命 →P.62 においてなので，「あ　石油」は適当ではありません。よって，アに入る語句は「い　石炭」で，正答は，④〜⑥のどれかにしぼれます。

どの時代・年代の問題なのかは，問題文に手がかりが書かれていることが多いです。問題文をよく読むようにしましょう。

次に，「ⓐアメリカ合衆国が，航路の安全を確保し，かつ蒸気船が往復の航海で必要とする ア を入手するためには，日本と関係を結ぶ必要があった」の文章から，「下線部ⓐを目的になされた出来事」を考えます。

日米関係に関わる選択肢は，「日米和親条約の締結」（1854年）と「日本に対するハル＝ノートの提示」（1941年）の2つで，「モンロー教書（モンロー宣言）の発表」（1823年）は排除できます。

そのうえでパネルの最初には「（交通革命とは何か）1850年代から1870年代にかけて進行した」という説明が，また**図**の下には「1867年，日米間の太平洋横断定期航路が開設される」という文があります。これらの情報から，アメリカがこの時期に日本と関係した出来事として「日米和親条約の締結」を選ぶことができます。

日米和親条約でアメリカ船に石炭などを供給することが認められたという知識があれば，すぐに正解に至れるかもしれません。しかし，共通テストでは教科書とは異なる視点や解釈で出題されることもあるので，先入観を捨てて一つ一つ丁寧に設問と向き合う姿勢が大切です。

これで，正答は⑥「い ― Z」だと判断できます。

説明されるとわかるのですが，制限時間が気になって，パネルの時代の説明などを読み飛ばしてしまいそうです。

資料をしっかり読み込むには時間がかかりますよね。過去問や模試を解きながら，読み取りの訓練をしておきましょう。

A

- 知識は，資料を読解した情報とつなげられるように，整理・理解して学習する必要がある。
- この本で，「流れ」と「枠組み」を整理して理解しよう。

　共通テストの問題の特徴は，「思考力・判断力を問う」ことだと言いました。**問題の資料を読解しただけで解ける問題は多くありません。教科書で学んだ，歴史総合と世界史探究の知識があることが大前提となります。**資料や図版，グラフなどから読み取った情報を，もっている知識とつなげて選択肢をしぼり込んでいくことが必要だからです。

　共通テストは，時代・地域・分野の偏りなく満遍なく出題されます。センター試験に比べれば覚えておくべき用語の数は減っているとはいえ，歴史総合と世界史探究の全範囲の学習が必須です。すなわち，教科書2冊分の理解と知識，かなりの量があります。

　しかも，教科書の歴史用語や年号の知識を，英単語のように単純に一問一答形式で覚えているだけでは，資料や図版，グラフなどから読解した情報と，覚えた知識がなかなかつながらないことが多いでしょう。情報と知識が結びつき，情報から知識が思い出せるようなかたちで，知識を整理し，理解しておく必要があります。

　そこでまず必要になるのが，**歴史総合と世界史探究の全体の，「流れ」と「枠組み」の整理と理解**です。

　「流れ」と「枠組み」を理解すると，以下の点で，今後の歴史総合と世界史探究の学習が進みやすくなるでしょう。

①今後，新しく学習した歴史用語や内容も，「この時代・地域の用語や内容だな」と歴史全体の流れや枠組みのなかに入れることで，他の用語とのつながりがわかりやすくなり，理解しやすくなります。

②時代の流れと枠組み，特徴，全体像を理解し，そのなかに歴史用語をひもづけることで，考え方の土台ができて，資料を読解したときに「これはこの内容の話だな」と思い出しやすく，共通テストで使える知識になります。

〈ただ覚えただけの知識〉
…知識がバラバラになっている

〈流れと枠組みのなかで理解した知識〉
…知識がまとまって，つながっている

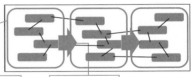

枠組み　　　　　流れ

他に共通テストの勉強を進めるにあたって，気をつけるべき点はありますか？

学習する際には，資料・図版・グラフなどを意識して見ておくことと，過去の共通テストや模試を解いて問題形式に慣れておくことです。共通テストは問題形式が特徴的なので，早めに本番形式の問題に挑戦してみましょう。

実際の共通テスト問題を見てみよう

日本万国博覧会（大阪万博）の時期の日本の状況と，世界情勢についての問題です。

（2022 年試作問題『歴史総合，世界史探究』）

　歴史総合の授業で，世界の諸地域における人々の接触と他者認識について，資料を基に追究した。次の文章を読み，後の問いに答えよ。

　1970 年に開催された日本万国博覧会（大阪万博）について，生徒たちが，万博に関わる当時の新聞記事（社説）を探して，記事から**抜き書き**を作成した。

社説の抜き書き

・万博に参加した 77 か国のうち，初参加のアジア・アフリカなどの発展途上国が 25 か国に上っていた。

・アジア・アフリカなどの発展途上国のパビリオン（展示館）では，一次産品の農産物・地下資源や民芸品・貝殻などが展示されていた。

・こうした発展途上国のパビリオンからは，GNP（国民総生産：国の経済規模を表す指標の一つ）は低くとも，自然と人間が関わり合う生活の中に，工業文明の尺度では測れない固有の文化の価値体系を知り得た。

・高度工業文明と GNP 至上主義の中で，物心両面の公害 に苦しめられている今日の日本人にとって，発展途上国のパビリオンから知り得た文化と風土の多様性こそ，人間の尊厳と，人間を囲む自然の回復を考える手掛かり である。

（『読売新聞』1970 年 9 月 13 日朝刊（社説）より作成）

問 センリさんのグループは，社説が発展途上国のパビリオンの特徴に注目しながら，同時代の日本の状況を顧みていることに気付いた。その上で，当時の世界情勢で社説が触れていないことについても，議論してみようと考えた。社説が踏まえている当時の日本の状況について述べた文**あ・い**と，当時の世界情勢で**社説が触れていないこと**について述べた文**X・Y**との組合せとして正しいものを，後の①～④のうちから一つ選べ。

社説が踏まえている当時の日本の状況

　あ　第1次石油危機（オイル＝ショック）により，激しいインフレが起こっていた。

　い　環境汚染による健康被害が問題となり，その対策のための基本的な法律が作られた。

当時の世界情勢で社説が触れていないこと

　X　アジアでは，開発独裁の下で工業化を進めていた国や地域があった。

　Y　アラブ諸国では，インターネットを通じた民主化運動が広がり，独裁政権が倒された国があった。

① 　あ ― X
② 　あ ― Y
③ 　い ― X
④ 　い ― Y

「社説が踏まえている」
状況は，資料を読めば
わかりそうだけど……。

「社説が触れていない
こと」は難しそう……。

これは，試作問題「歴史総合，世界史探究」の第1問，歴史総合の問題です。★印は，近代化・工業化にともなう弊害(がい)に関する部分です。

資料も問題文も量があるし，日本の状況も，世界の状況も，両方出されていますね……。

「社説が踏まえている当時の日本の状況」について述べた文と，「当時の世界情勢で社説が触れていないこと」について述べた文との組合せとして正しいものを選ぶ問題です。

「社説が踏まえている当時の日本の状況」は，社説の抜き書きから類推(るいすい)できます。8行目に「物心両面の公害(こうがい)」，10〜11行目に「人間を囲む自然の回復を考える手掛かり」という言葉があります。ここから社説は公害の話を踏まえていると考えて，「い 環境汚染による健康被害が問題となり，その対策のための基本的な法律が作られた。」を選ぶことができますね。なお，日本では，公害対策基本法が1967年に制定されていて，当時，深刻な公害問題に直面していたという知識とも一致します。

一方，あについては，「第1次石油危機（オイル＝ショック）」が1973年に起こったという知識があれば，この社説は問題文の最初に示されているとおり，それより前の1970年のものなので，時代が合わないと判断できます。

出来事が起こった年は，やはり覚えておいたほうがよいのですか？

石油危機のような世の中が変わる重要な転機となる事件や出来事は，起こった年を知っておくと便利です。ただ，この問題も，第1次石油危機が1970年代であるという大まかな時代を知っていれば解ける仕組みになっています。

次に，「当時の世界情勢で社説が触れていないこと」を考えてみましょう。こちらは，1970年頃の世界情勢の知識が必要になります。

当時の世界情勢として正しい文は**X**です。**X**の文に出てくる「開発独裁」は，本書の103ページで扱っています。開発独裁が第二次世界大戦後に出てくる言葉だと知っておくことが重要です。また，**X**の判断がむずかしい場合でも，**Y**の文について，インターネットが普及したのは1990年代以降という知識や，アラブ諸国でインターネットを通じた民主化運動（「アラブの春」といいます）が起こったのは2010年代という知識があれば，**Y**は当時の世界情勢としてふさわしくないとして，**X**にしぼることもできます。正解は③です。

2010年代のような，かなり現在に近いことを扱う問題も出るのですね……。

この問題は「アラブの春」を知らなくても正答は選べます。ただ，歴史総合の教科書には載っています。「近代化」「大衆化」「グローバル化」のいずれにも関わる重要な出来事なので，この機会に学んでおきましょう。

共通テストにおける歴史総合は，資料や図版などを読解して得た情報に，中学生の地理・歴史・公民や高校生の歴史総合で学習する基本的な知識を組み合わせて考えて，正答を導き出す問題が多く出題されます。この考え方の土台となる歴史（世界史・日本史）の「流れと枠組み」を説明するのが本書になります。

では，歴史総合の内容から，全体の流れと枠組みを見ていきましょう！

第II部

歴史総合の流れと枠組み

第0章 歴史総合について

キーワード 近代化 大衆化 グローバル化

Q 01 歴史総合で気をつけるべき点はどこですか？

A

- 近代以降の世界の歴史の展開を大きく理解し，そのなかで日本の歴史を位置づける。
- 「近代化」「大衆化」「グローバル化」の3要素を意識。それらの相互関係にも注目。
- 歴史上の出来事を，現代の諸問題と関連づける。

中学校で学んだ歴史と高校で学ぶ歴史総合が大きく異なるのは，どのような点ですか。

中学校では，古代からの日本の歴史を中心に学びましたが，歴史総合では，近代・現代の世界の歴史の展開を重視し，そのなかで日本の歴史を理解することになります。

　高校の地理歴史科に「歴史総合」という新しい科目が登場しました。その特徴は，大きく2つあります。1つ目は，**近代と現代の歴史に重点を置いて学ぶこと**です。近代・現代は，私たちが生きているまさにこの時点に直接つながる時代です。もう1つは，**世界の歴史の展開を理解したうえで，日本の歴史がそれとどのように関連しているのかを学ぶこと**です。日本の歴史は，「鎖国」の時代でさえ，世界の歴史の流れと無縁ではありませんでした。ましてや，世界各地が緊密に結びついていく近代以降は，世界との関わりを抜きに語ることはできません。

したがって，細かな歴史事項の暗記に終始するのではなく，出来事がいつ頃，どのあたりで起こったのか，年表や地図なども利用しながら，**大きな歴史の流れを把握**していくことが重要です。そして，**世界の歴史を学ぶときは，同時代の日本の状況に思いをめぐらせ，日本の歴史を学ぶときは，同時代の世界の状況を意識した学習をする**ようにしましょう。

大きな視点から歴史を見る重要性はわかりましたが，具体的なキーワードなどはありますか。

歴史総合では，「近代化」「大衆化」「グローバル化」の3つの観点に注目して歴史を学びます。

歴史総合では，**近現代の歴史を理解するにあたり，「近代化」「大衆化」「グローバル化」という3つの重要な観点**を提示しています。ただ，これらの3要素は，単純に「近代化」→「大衆化」→「グローバル化」という順序で展開してきたわけではありません。また，3要素は分かちがたく結びついており，相互関係にも注意しなければなりません。

歴史総合で近現代の歴史を重視するのは，なぜでしょうか。

現在私たちが直面している諸問題が，近代以降の歴史と深く関わるからです。また，近い将来起こりうる問題を予測するためにも，現在までの歴史の流れを知る必要があります。

歴史を学ぶ目的は，現代世界の課題を解決する手がかりを得るためとも言えるでしょう。**歴史上の出来事が現代の諸問題とどう関連しているのか**を，未来の世界を担う皆さん一人一人が，当事者として常に問題意識をもちながら学んでほしいと思います。

キーワード 近代化 産業革命 資本主義
国民国家

Q02

近代化とはどういうことですか？

A

- 近代とは，時代区分の一つ。資本主義が発達し，国民国家の形成が進んだ時代。
- 近代化は，工業化だけでなく，交通手段の発達，人口増加，産業構造の転換，国民の政治参加，学校教育など様々な分野で生じた変化。

　中学や高校の歴史学習では，歴史の流れを時代ごとの特徴に基づいて，おおまかに古代・中世・近世・近代・現代などに区分して考えます。「近代」とはそうした時代区分の一つで，**産業革命** _{→P.44}

ひとこと

時代区分

古代・中世・近世・近代・現代などの時代区分は，現代の人々の視点で設定されているので，絶対的ではありません。また，ヨーロッパの社会の変化を基準にしているので，非ヨーロッパ地域に当てはめることができない事例もあります。

によって**資本主義**が発達し，自由・平等な国民で構成される**国民国家** _{→P.48} の形成が進んだ時代を指すことが一般的です。**19世紀頃の欧米諸国から始まりました。**

　欧米諸国は，近代的な社会を維持するために，近代化に遅れたアジア・アフリカの国々に進出し，植民地支配などによって経済的利益を得ようとしました。それに対抗するため，**アジア・アフリカの各地でも，欧米諸国のような近代国家の形成を目指す動き**が起こります。1868年に始まった日本の明

治維新がその一例です。一方で，義和団戦争〔→P.64〕のように，進出された側の近代化に対する激しい抵抗も見られました。

　工業化の進展は，大量の製品・原料の輸送を必要とし，**鉄道・汽船などの交通手段が発達**しました。**世界各地は緊密な貿易網で結びつき**，仕事を求め**て移民として他国に渡る労働者など大規模な人の移動**も生じます。

　産業革命期に**急増した人口**は，工場労働者として多くの働き手が求められ**た都市に集中**し，農村人口は減少していきます。農業社会から**産業社会への転換**という社会構造の変化も見られました。工場での労働は，職場と家庭の分離を促し，**家族のあり方も変わりました**。また，都市に生まれた豊かな中産階級〔→P.70〕の人々は，**個人の権利意識を強め，彼らが「国民」として主体的に政治に参加し，納税などの義務を果たす国民国家の形成**が進みます。国家は**学校教育**を通じて，知識だけでなく**国語や国民意識**をはぐくもうとしました。合理性や効率性，進歩を重視する価値観も広がります。

　一方，近代化のなかで，都市の劣悪な生活環境や公害，**資本家**〔→P.44〕**と労働者階級の対立や経済格差**，少数派（マイノリティ）に対して主流派への統合を強いる同化主義，社会・家庭における男女の役割分担の固定化など，数多くの問題も生み出されることになりました。

近代化というと，工業化や機能的な都市生活などをイメージしていたのですが，それだけではないのですね。

近代化とは，そのような産業の発達と同時期に生まれた新しい国家や社会の仕組み，価値観の変化なども含む幅広い概念です。

第1章　近代化と私たち
―「近代」になる前の世界

キーワード　大航海時代　「世界の一体化」

宗教改革　主権国家体制

Q03 「近代」になる前の世界はどうだったのですか？

A

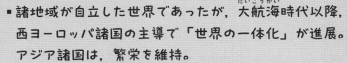

- 諸地域が自立した世界であったが，大航海時代以降，西ヨーロッパ諸国の主導で「世界の一体化」が進展。アジア諸国は，繁栄を維持。
- 国内の統合が進展。西ヨーロッパでは，主権国家や主権国家体制が成立したが，主権者は君主のみ。

　古代文明の成立以来，世界各地で**独自の歴史的特質が形成**されていきました。各地域は，それぞれが**ひとまとまりの自立した世界**で，たがいに交流・対立を繰り返しながら発展しました。諸地域間の経済的結びつきは，イスラーム世界の拡大とムスリム商人の活動が活発化した8世紀頃と，モンゴル帝国がユーラシアの広域を統合し，巨大な交易圏が出現した13世紀に強まりました。そして，繁栄するアジア交易に参入する目的で，**ヨーロッパ人が海外に乗り出した大航海時代に，アメリカ大陸を含む世界の諸地域が結びつけられました。**ここから「世界の一体化」が始まります。

　大航海時代を先導した**西ヨーロッパ諸国は，16世紀以降，アジア交易やアメリカ大陸の植民地経営で利益をあげ，先進地域として台頭**しました。南北アメリカでは，先住民の文明を破壊し，プランテーションや鉱山開発の労働力として，アフリカから多くの黒人奴隷を連行しました。こうして，**南北アメリカやアフリカは経済的自立を失い，西ヨーロッパに従属**したのです。

一方，同時代のアジアでは，**ヨーロッパ人が香辛料・絹・陶磁器・綿織物な**どの物産を買いつけに訪れ，その対価として大量の銀が流入し，西アジアのオスマン帝国，インドのムガル帝国，中国の清などの大帝国が繁栄しました。日本では，江戸幕府のもとで，**幕府（将軍）と藩（大名）がそれぞれの領地と人民を支配する幕藩体制と，身分制に基づく独自の社会が成立しました。**

「世界の一体化」が進んでいる時期に，江戸幕府が「鎖国」政策を行って外国との交流を制限したのは，時代に逆行する動きのようにも感じます。

幕府の閉鎖的な対外政策も，「世界の一体化」への対応の一つのあり方といえます。キリスト教の普及によってヨーロッパの影響力が国内で拡大することなどを警戒したのです。

交易の活発化で地域間の交流や競争が激しくなるのにともなって，**国家のまとまりも強化**されていきました。16世紀末の日本の統一も，その流れに位置づけられます。**西ヨーロッパでは，**16世紀の宗教改革でローマ＝カトリック教会の権威が後退し，君主による国内の統合が進みました。**外部の干渉を受けずに政治を行う権限（主権）と明確な領土をもつ**主権国家が登場し，主権国家が並び立つ国際秩序，すなわち主権国家体制が成立しました。ただ，**当時の主権者は君主のみ**で，君主が絶対者として君臨する**絶対王政**が行われた国もあり，身分制も残っていました。

絶対王政や身分制が打倒され，国民が主権をもつようになるのが，近代ですね。

そのとおりです。また，西ヨーロッパで産業革命が始まって，近代を迎えると，それまで自立していたアジア諸国も西ヨーロッパに従属していきます。

第1章　近代化と私たち
―産業革命

キーワード 　産業革命　　資本主義体制

「世界の工場」　国際分業体制　「世界の一体化」

Q 04　産業革命は世界にどのような影響を与えたのですか？

A

- 資本主義に基づく「世界の一体化」が加速。
- 産業革命に成功した欧米諸国・日本などの工業国が，アジア・アフリカ・ラテンアメリカを製品の市場，原料・農産物の供給地として従属させる国際分業体制が確立。

　産業革命とは，工場で機械によって製品を大量生産する技術革新（工業化）と，それにともなう経済や社会の変革を指します。その過程で，資金や工場・機械などをもつ**資本家**が，賃金で労働者を雇用して生産を行わせ，工業製品の販売によって利益の拡大を目指す**資本主義体制**が確立していきました。

　産業革命は，18世紀後半のイギリスで綿工業からおこりました。イギリスは，機械で生産した安価で良質な綿製品を，国内に供給しただけでなく，世界の諸地域に大量に輸出しました。**19世紀半ばのイギリスは「世界の工場」**と呼ばれ，その工業生産力に，他国は圧倒されました。そして，**自由貿易**を推し進めながら，自国の製品の市

> **ひとこと**
>
> **自由貿易と保護貿易**
> 自由貿易とは，国家の介入を排除して貿易を行うことです。競争力のある先進国に有利で，競争に勝てない後発国は，先進国から工業製品を輸入し，製品の原料や農産物などを先進国に輸出します。こうした先進国への経済的従属を避けるため，後発国では，国家が輸入品に高い関税をかけて国内産業を保護する保護貿易が主張されました。

場かつ原料や農産物の供給地としてアジア・アフリカ・ラテンアメリカを**国際分業体制**に組み込んでいったのです（→P.50）。

> 分業は効率がよくなると思うのですが，当時の国際分業体制はどのような点が問題なのでしょうか。

> 対等な立場での分業ではないため，製品の市場・原料の供給地として位置づけられた国や地域は，工業国に従属して経済的自立を失い，発展が阻害されることが多いのです。

一方で，**欧米諸国や日本などは，イギリスの覇権に対抗して，次々に産業革命を実現**していきました。これら後発の資本主義諸国の多くは，国家の主導で工業化を促進する傾向にありました。た

▼ 「世界の工場」イギリス（19世紀後半）

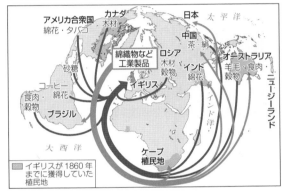

アメリカ合衆国　綿花・タバコ　カナダ　木材　日本　太平洋　中国　茶　絹　綿織物など工業製品　ロシア　木材　穀物　オーストラリア　羊毛・食肉　ニュージーランド　砂糖　インド　綿花　コーヒー　綿花　イギリス　食肉・穀物　ブラジル　大西洋　インド洋　ケープ植民地

■ イギリスが1860年までに獲得していた植民地

とえば，**南北戦争後のアメリカ合衆国では，保護貿易によって国内産業の育成**がはかられ，**明治維新（めいじいしん）後の日本でも，欧米の技術を導入して殖産興業（しょくさんこうぎょう）政策**（→P.55）が行われました。こうして後発資本主義国が新たな市場を求めて世界市場に参入したことで，**「世界の一体化」と国際分業は加速し，欧米諸国と他地域の支配・従属の関係が強まる**とともに，資本主義国間の国際競争の激化が帝国主義を招くことになりました（→P.62）。

ポイント

イギリス	分業に組み込み →	アジア・アフリカ・ラテンアメリカ
市場・原料供給地を求め，自由貿易を推進	← 対抗	市場・原料供給地として従属

欧米諸国・日本
工業化を推進，保護貿易を行う国も

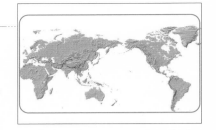

第1章 ＞ 近代化と私たち
─市民革命

キーワード 市民革命 アメリカ独立革命

フランス革命 ラテンアメリカ諸国の独立

Q 05 市民革命は世界にどのような影響を与えたのですか？
しみんかくめい

A
- アメリカ独立革命・フランス革命を通じて，すべての人間の自由・平等など近代の市民社会の原理が確立し，世界各地に普及。
- 各地で絶対王政や身分制の打倒，植民地支配からの独立などが実現し，近代国家の建設が進展。

ヨーロッパでは，17・18世紀になると，非合理な慣習や制度などを打破しようとする啓蒙思想がさかんになり，**法的に自由で平等な個人（市民）が主役となる市民社会を理想**とするようになりました。そうしたなかで，**絶対王政→P.43や身分制社会への批判が高まり，それらを廃して市民社会を実現しようとする機運**が起こりました。この変革運動を**市民革命**と言います。とくに重要なのが**アメリカ独立革命**と**フランス革命**です。

ひとこと

市民とは？

時代によって「市民」の概念は様々です。ヨーロッパの中世都市では，主に自治を担った都市住民を指しましたが，近世には富裕な商工業者など（ブルジョワジー）と同一視されていきました。そして近代以降は，自由・平等などの基本的人権を有し，政治や社会に主体的に参加する人々を意味するようになりました。

イギリス領であった北アメリカの13植民地は，18世紀後半に独立戦争を経てアメリカ合衆国として独立を達成しました。**自由・平等な市民**

が主権をもつ共和国を実現させたことから，**アメリカ独立革命**とも呼ばれます。この革命は，身分制など不平等な政治・社会体制が維持されてきたフランスに衝撃を与え，18世紀末のフランス革命につながりました。**フランス革命では，絶対王政が打倒され，人間の自由・平等を唱えた人権宣言が採択**されました。さらにフランス革命の理念は，ナポレオンによる征服を通じてヨーロッパに広まりました。

　このように，**アメリカ独立革命・フランス革命で確立された自由・平等といった近代市民社会の原理**は，19世紀前半の**ラテンアメリカ諸国の独立**の実現をはじめ，世界各地に普及して近代国家の建設の動きを促しました。明治時代の日本の自由民権運動（→P.56）も，その流れをくむものと言えます。

アメリカ独立革命とフランス革命が，一国の枠を越えて世界に影響を与えたのは，なぜでしょうか。

これらの2つの革命では，自由や平等などの諸権利が，国や民族にかかわりなく，人類一般を対象とした普遍的な人権として掲げられたからです。

　一方で，**革命後もアメリカでは，黒人奴隷や先住民，女性の政治参加は認められず，フランスでも，女性は政治の場から排除されたまま**でした。すなわち，すべての成人が政治参加を果たす民主主義の完成が，市民革命によってただちに実現したわけではなかったのです。

ポイント！

アメリカ独立革命
（18世紀後半）

影響 →

フランス革命
（18世紀末）

影響 ↓　影響 ↓

ラテンアメリカ諸国の独立
（19世紀前半）など

第1章　近代化と私たち
―国民国家

キーワード　国民国家　ナショナリズム

国民意識

Q06　国民国家とは何ですか？　どのように形成されたのですか？

A

- 国民国家は，国民意識を共有する人々（国民）を主権者とする国家。フランス革命で理念が提示される。
- ナショナリズムを背景に，同じ権利・義務，言語・文化などをもつ人々が国民として統合されて形成。国力強化のため，国家が主導する場合もある。

国民国家とは，同じ集団に属するという意識をもった「国民」によって構成される国家のことです。国民国家における国民は，自由・平等などの基本的人権を保障された主権者と位置づけられます。したがって，国民国家は，領域と主権を有する主権国家 →P.43 の一つですが，主権が君主ではなく国民にある点で，市民革命後に生まれた新しい国家 しみんかくめい の形態ということができます。そして，人々が同じ「国民」としてまと

ひとこと

ナショナリズム

ナショナリズムは多くの意味がある概念で，国民国家の建設にあたって何に重点を置くかにより，日本語訳が異なってきます。自由・平等な国民による統合という側面を重視する場合は国民主義，他民族の支配下にある民族が独立を目指す側面を重視する場合は民族主義と訳されます。また，国家主義と訳される場合は，国家が個人に優越する側面が重視されています。国家主義の例としては，第一次世界大戦後に登場したファシズム →P.82 などが該当します。

まろうとする動きをナショナリズムといい，個人の自由を尊重する自由主義とも結びつきながら，国民国家を形成・強化する原動力となりました。

　フランスでは，革命で掲げられた理想を共有するなかで，**人々が等しい権利を有する平等な存在として国家への帰属意識を強め，国民としての一体感が形成**されていきました。さらに，徴兵制によって編制された国民軍の活躍や標準的なフランス語の普及などが，**国民意識を高揚させ，国民国家の形成**を進めました。他のヨーロッパ諸国は，こうして強大化するフランスを目の当たりにして，みずからも国民国家を目指すようになりました。同時に，**ナポレオンに征服された地域では，外国支配への抵抗からナショナリズムが芽生え**，プロイセンなどで近代化改革が始まりました。

　19世紀後半のヨーロッパでは，国家間の対立が明らかになり，各国は国民国家の確立を急ぎました。国民国家になると，**国民の結束によって産業の発達や国力の増強も期待できる**からです。**同じ権利・義務をもち，同じ価値観や言語・文化などを共有する均質な国民を創り出すため，議会制度や教育制度，徴兵制などの整備**を進めたのです。国民国家の考えは，欧米諸国が進出したアジアにも波及し，日本の明治新政府は，四民平等の原則や学制・徴兵令などの近代化を進めて，**天皇中心の中央集権的国家の建設に努めました**→P.54。

　国民国家では，国境内の人々を民族や言語・文化などの同一性に基づいて統合する過程で，**少数派の人々の固有の文化などは否定**されました。日本でも，北海道の先住民であるアイヌの人々や，かつて琉球王国が存在した沖縄の人々を「日本国民」とするための政策がとられました。

> 一つの国のなかには，実際，様々な文化的背景をもつ人たちがいるので，国民の均質化をはかる国民国家という形態は無理があるように感じます。

> 現在の世界では，多様な文化を尊重するべきであるという多文化主義の観点から，少数派の人々に対して同化を強いる国民国家のあり方そのものの見直しも唱えられています。

第1章 近代化と私たち
—アジアの植民地化・従属化

キーワード　不平等条約　自由貿易

インド大反乱　アヘン戦争

Q07 アジアの植民地化・従属化はどのように進んだのですか？

A

- 列強は，軍事力による領土支配だけでなく，不平等条約で自由貿易を強制して市場・原料供給地としたり，利権獲得などの経済支配も強化したりした。
- インド・東南アジア（タイ以外）は植民地化。オスマン帝国・清は独立を維持したが，従属化。

オスマン帝国・ムガル帝国・清などのアジアの大国は，人口や国力で欧米諸国を上回っていました →P.43。しかし，**欧米諸国が産業革命による工業化** →P.44 **と市民革命による国民統合** →P.46 **を進めると，19世紀にはアジア諸国と欧米諸国の経済力・軍事力は逆転**しました。

欧米の列強諸国は，アジアに進出し，**不平等条約**や戦争によって，自国に有利な**自由貿易**を強制しました。その結果，**アジアの諸地域は，安価な工業製品が低関税で流入して伝統産業が衰退し，列強の市場・原料供給地や資金の投資先として国際分業体制に組み込まれていきました** →P.45。

さらに列強は，資金の提供とひきか

ひとこと

不平等条約の内容

領事裁判権は，治外法権の一種で，外国人が滞在国で罪を犯した場合，自国の外交官である領事が本国の法で裁く権利。**関税自主権の喪失**（協定関税制）は，輸入品にかける関税を独自に決める権利を失うこと。**最恵国待遇**は，A国と条約関係にあるB国が，C国より良い条件の条約を結んだ場合，その条件がA国にも自動的に認められること。不平等条約では，当事国の一方のみが最恵国待遇を与える義務を負いました。

えにアジアの諸地域の**鉄道建設**や**鉱山開発**などの利権を獲得したり，**現地の
抵抗や反乱を武力で鎮圧**したりしながら，植民地化・従属化を進めました。

　オスマン帝国は，不平等条約により，ヨーロッパの製品や資本への依存を
強めたうえ，クリミア戦争[*1]以降，**列強に債務を重ねて財政が破綻**し，イギ
リス・フランスに財政を管理されました。**インドでは，イギリスが戦争で領
土支配を広げるとともに，自国の綿製品を輸出し，綿花**などの原料を栽培さ
せました。**インド大反乱**が起こると，ムガル帝国を滅ぼして反乱を鎮圧し，
その後，**インド帝国**を樹立して植民地化を完成させました。またタイをのぞ
く東南アジアは，列強の植民地となりました。

　イギリスによる自由貿易の要求を拒否していた**清は，アヘン戦争に敗れて
開港や自由貿易，不平等条約を受け入れ** →P.52 ，第2次アヘン戦争[*2]を経て
列強の経済進出が進みました。**日清戦争後は，列強による権益獲得競争が激
化**し，義和団戦争 →P.64 の敗北で干渉はさらに強まりました。日本も，**江戸
幕府がアメリカ合衆国の圧力を受けて開国し，欧米諸国との不平等条約で自
由貿易を強いられました** →P.53 。しかし，その後の明治維新で近代化を本格
的に推進し，欧米諸国との**不平等条約の改正**を進め，列強の一員として中国
や朝鮮へ進出していきました →P.58 。

アジアはもともと豊かだったのに，現在，多くの開発途上国
が存在するのは，欧米諸国の植民地支配を受けたことが関
係しているようですね。

独立後も，特定の原料の生産・輸出に依存する植民地時代
のモノカルチャー経済が残り，経済的自立や工業化が困難
な国があります。植民地支配が大きな爪痕を残したのです。

---

*1 1853～56年。南下政策を進めるロシアがオスマン帝国と開戦したが，イギリス・フランス
　などがオスマン帝国を支援したため，ロシアは敗北した。
*2 1856～60年。アロー戦争ともいう。イギリス・フランス連合軍が清と戦い，勝利した。

第1章 近代化と私たち
—中国・日本の開港・開国

キーワード アヘン戦争 ペリー来航

日米和親条約 日米修好通商条約

Q08 中国・日本が開港・開国したきっかけは何ですか？

A
- 欧米諸国が工業化を背景に，アジアに進出。
- 中国は，アヘン戦争の南京（ナンキン）条約によって開港。
- 日本は，ペリー来航を受けて開国。

戦争や事件の経緯も大事ですが，アヘン戦争の背景やペリー来航の影響などを理解することが重要です。

　欧米諸国は工業化を進め，武力を背景にアジアに進出してきました。中国の清（しん）は，ヨーロッパ船の来航を広州（こうしゅう）に限定して認めており，イギリスの自由貿易の要求には応じませんでした。また，中国からイギリスへの茶の輸出が増大していました。イギリスは茶の代価（だいか）として銀が中国に流出することを防ぐため，インドにイギリス製綿織物（めんおりもの）を輸出し，インド産アヘンを中国に密輸し，茶などを中国から輸入しました。この貿易を**三角貿易**といいます。中国は，アヘンの輸入を厳禁しましたが，イギリスがこれに反発し，1840年に**アヘン戦争**が起こりました。結局，中国は降伏（こうふく）し，イギリスと**南京条約**を結び，この条約により中国は開港し，自由貿易体制に組み込まれます。

　アヘン戦争の戦況が伝わると，江戸幕府（えどばくふ）は異国船打払令（いこくせんうちはらいれい）に代わり，外国船に薪（まき）や水，食料を与えることを指示する**天保の薪水給与令（てんぽうのしんすいきゅうよれい）**を出しました。しかし，「鎖国（さこく）」体制は続けることとしました。また，日本国内では天皇を尊

び，「夷」（外国）を打ち払おうと主張する尊王攘夷論が提唱されるようになっていました。

　その頃，アメリカ合衆国は太平洋岸まで領土を広げ，中国との貿易船や捕鯨船の寄港地として日本に注目していました。1853年，**ペリー**が艦隊を率いて江戸湾口に現れました。軍艦に威嚇された幕府は，翌年に返答することを約束して，ペリー艦隊をひとまず退去させました。また，**ペリーの要求を朝廷に報告し，諸大名らに対応策について意見を求めました。これにより，朝廷の発言権が増大し，諸大名に政治参加の機会を与える契機となり，幕政が動揺する一因となりました。**

　1854年にペリーが再び来航すると，幕府は日米和親条約を結んで，下田・箱館を開港し，アメリカに最恵国待遇→P.50を認めました。イギリス・ロシア・オランダとも同様の条約を結びました。

　その後，下田に着任したアメリカ総領事ハリスは，同時期に起こっていた第2次アヘン戦争→P.51の状況など列強の脅威を説いて，幕府と貿易を開始するための日米修好通商条約を結びました。この条約は，アメリカに領事裁判権と協定関税制を認めた不平等条約→P.50でしたが，富国強兵のために貿易が必要だと考えた幕府は，オランダ・ロシア・イギリス・フランスとも同様の条約を結び，自由貿易が始まりました。その一方で，攘夷の傾向が強かった朝廷の発言力が高まり，尊王攘夷を唱える志士の活動も活発となり，幕末の動乱につながっていきます。

ポイント	中国の開港	日本の開国
	広州のみで貿易，のち三角貿易→アヘン戦争→南京条約で開港	「鎖国」→アヘン戦争の情報・ペリーの来航→日米和親条約で開国

第1章 近代化と私たち
——日本の近代化

キーワード 四民平等 廃藩置県 地租改正

殖産興業 徴兵令

Q 09 日本が近代国家になるために行ったことは何ですか？

A
- 天皇中心の中央集権体制の確立，身分制の廃止，憲法の制定と国会の開設。
- 富国強兵を目指す産業革命。
- 主権国家の確立を目指して周辺国との国境画定。

明治新政府は欧米諸国の制度・技術を取り入れ，内政・外交の変革を進めました。これを明治維新と呼びます。

　明治天皇はまず五箇条の誓文で新政府の方針を示し，**天皇中心の中央集権体制を確立しようとしました**。そして新政府は江戸時代の身分制を解体して**四民平等**を原則とし，**同じ権利や義務をもつ日本国民を創出することで国民の統合をはかる，国民国家の建設を目指しました**。さらに，**不平等条約の改正** →P.58 のため，**欧米諸国と同様に憲法を制定し，国会を開設しました** →P.57 。

　全国を直接支配する中央集権体制の確立のために，新政府は，各大名から土地（版）と人民（籍）を返還させる**版籍奉還**を行いました。ついで藩（大名の領地）を廃止して県を設置する**廃藩置県**を断行しました。

　新政府は，近代国家の基盤となる国民を把握するために，近代的な戸籍を作成しました。そして**近代的な土地制度と近代的税制を創設するため，地租改正を実施しました**。地券を交付して，地券所有者に地価の3%を地租とし

て現金で納入させる制度を定めたのです。こうして，新政府は安定的な収入を得られることとなりました。

他に，**新政府は富国強兵を目指し殖産興業政策*1をとり，産業革命の基礎を固めました**[→P.60]。また，**近代的な軍隊の創設も実現しようとしました**。政府は，国民全体を兵士とする軍隊の創設（国民皆兵）を試みました。**徴兵令**を出して，満20歳以上の男性に兵役の義務を課したのです。さらに，政府はすべての国民が教育を受ける国民皆学を実現するための**学制**を公布し，教育制度を定めました。

また，**新政府は周辺国との国境画定に努め，主権が及ぶ領土をもつ主権国家**[→P.43]**の確立を目指しました**。政府は，**日清修好条規**を結んで清と対等な関係であることを示し，さらに**日朝修好条規**を結んで朝鮮が独立国であることを一方的に宣言しました。こうして，伝統的な中国中心の東アジアの国際秩序（冊封体制）を，日本中心の主権国家体制に置き換えていこうとしました。朝鮮をめぐる日本と清の対立は，後の**日清戦争**の原因となります。

ロシアとは，幕末に**日露和親条約**で択捉島と得撫島以北の千島列島の間に国境を定めました。しかし，明治政府は**樺太・千島交換条約**を締結し，樺太をロシア領，千島列島全体を日本領としました。また，日本と清の両属関係にあった琉球を日本領として沖縄県を設置し，国境を画定させました。

日本も近代国家になるために，「国民」の創出，税制の整備，近代的な軍事制度，国境の画定が必要だったのですね。

それらを通じて，天皇を中心とした，国民の統合がなされたわけです。

*1　国家を支える基盤とするために産業や貨幣・金融制度を整備する政策。

第1章 近代化と私たち
―日本の憲法制定・国会開設

キーワード 自由民権運動 内閣制度

大日本帝国憲法 帝国議会

Q10 日本の憲法・国会はどのように整備されたのですか？

A
- 国会（議会）の開設を求める**自由民権運動**が展開。
- 民権派が政党の結成を進める一方で，天皇が大きな権限をもつ憲法の制定を政府が主導。

そもそも，なぜ日本は憲法を制定し，国会を整備しようとしたのですか？

一つには，不平等条約の改正のために，欧米諸国と同様の憲法・議会を備えた近代国家になる必要がありました。

　自由民権運動とは，国会を開設し，国民が政治に参加することを求める運動です。武力を背景に朝鮮を開国させる征韓論を主張していた**西郷隆盛**や**板垣退助**らは，政府を辞してそれぞれ活動します。板垣らは政府に**民撰議院設立の建白書**を提出し，自由民権運動が士族を中心に始まりました。

　一方で，政府への不満を高めていた士族は，各地で反乱を起こしました。西郷隆盛を中心とする反乱が**西南戦争**です。この西南戦争を最後に士族の反乱は収まり，以降，反政府運動は武力ではなく，言論で戦う自由民権運動が中心になりました。板垣退助らは，自由民権運動に賛同する民権派の組織化を目指しました。

　その頃，政府内では，国会開設や議院内閣制^{*1}の採用などを主張する<ruby>大隈<rt>おおくま</rt></ruby><ruby>重信<rt>しげのぶ</rt></ruby>と，大隈の主張を急進的と考えた<ruby>伊藤博文<rt>いとうひろぶみ</rt></ruby>が対立していました。伊藤は，大隈と民権派が同調しているとして政府から追放する一方で，民権派の反発をおさえるために，**1890年（明治23年）に国会を開設することを公約しました。これら一連の動きを**明治十四年の政変といいます。民権派は国会開設に備えて政党の結成を進め，政府は憲法制定に向けて動き出しました。

　政府は伊藤博文をヨーロッパに<ruby>派遣<rt>はけん</rt></ruby>し，伊藤は君主権の強いドイツ憲法を学んで帰国しました。伊藤は憲法制定の準備を開始するとともに，行政を担う<ruby>内閣<rt>ないかく</rt></ruby>制度を整え，初代の内閣総理大臣（首相）に就任しました。

　欧米諸国以外では，1876年にオスマン帝国 →P.51 が憲法を制定しましたが，翌々年に停止しました。そのため，1889年2月11日に発布された**大日本帝国憲法**が，欧米諸国以外で最初の近代的な憲法となりました。**大日本帝国憲法では，天皇が元首（国家の首長）として統治する天皇主権が定められ，戦争の開始と終了，軍隊の編制・指揮など様々な天皇の権限が明記されました。**そのもとで，立法は**帝国議会**，行政は内閣，司法は裁判所が，それぞれ天皇を補佐することとされました。帝国議会は特権階級からなる貴族院と国民が選挙で選んだ議員からなる衆議院で構成されました。**内閣は政策を進めるうえで議会の協力が必要であり，衆議院を基盤とする政党の影響力がしだいに強まっていきました。**

内閣（首相）は議会に責任を負わず，議会の権限も限定的でした。選挙権も男性の高額納税者に限定され，議会制民主主義は不十分なものでした。

---

*1　内閣が議会に対して責任を負い，議会の信任に基づいて存立する制度。

第 1 章 ｜ 近代化と私たち
　　　　　—日清戦争

キーワード　甲午農民戦争　下関条約

三国干渉

Q 11　日清（にっしん）戦争で日本・清（しん）・朝鮮（ちょうせん）はどうなったのですか？

A

- 日本は，植民地（しょくみんち）を獲得し，国際的地位が向上。賠償（ばいしょう）金（きん）を獲得し，重工業化など産業革命を推進。
- 清は，弱体化を露呈し，列強（れっきょう）による進出が加速。
- 朝鮮は，清から独立し，大韓帝国（だいかん）と改称。

日清戦争の背景となった朝鮮をめぐる日本と清の対立を理解し，戦争後の国内情勢と清の弱体化に注目しましょう。

　日本が日朝修好条規（にっちょうしゅうこうじょうき）→P.55 で朝鮮を開国させて以降，朝鮮では日本にならって近代化を進めようとする改革派が台頭していました。一方，清は朝鮮に対する影響力をさらに強めようとしていました。そのため，日本と清は朝鮮をめぐって勢力争いを繰り広げるようになったのです。また，日本が朝鮮半島への関心を強めた背景には，ロシアの軍事力への脅威（きょうい）もありました。

　同じ頃，ロシアの東アジア進出を警戒したイギリスが日本に好意的になったことで，日本の目標であった不平等条約の改正交渉が進むことになりました。これにより，日清戦争の直前に日本は領事裁判権（りょうじさいばんけん）の撤廃（てっぱい）に，明治時代末期には関税自主権（かんぜいじしゅけん）→P.50 の回復に成功しました。

　1894年，朝鮮では**甲午農民戦争**（こうご）（東学（とうがく）*1の乱）が起こりました。朝鮮政

府の要請を受けた清が鎮圧のために出兵し，日本も対抗して出兵しました。農民反乱は収まりましたが，朝鮮の国内改革をめぐって対立を深めた日本と清は軍事衝突を起こし，**日清戦争**が始まります。翌1895年，**戦争は日本の勝利に終わり，日本は清と下関条約を結びました。この条約で清は，朝鮮の独立を認め，遼東半島・台湾・澎湖諸島を日本に割譲し，多額の賠償金を日本に支払うことなどが定められました。**

しかし，日本が遼東半島を獲得したことを警戒したロシアがフランス・ドイツとともに，遼東半島を清に返還することを要求しました。これを**三国干渉**といいます。この要求を受け入れた日本では，ロシアに対抗する世論が盛り上がりました。一方，**日本は賠償金をもとに軍備拡張と工業の発展を進めました** →P.61 。

→P.61

> **ひとこと**
>
> **植民地・租借・保護国**
>
> **植民地**は，他国からの移住者や軍事的圧力を受けて，他国の領地に組み込まれ，独立国としての主権を失った地域のことです。**租借**は，他国の領土の一部を一定期間借りることです。**保護国**は，国家の主権の一部（外交権など）を他国にわたし，その保護下に入ることです。内政は維持されますが，干渉や制限を受け，植民地へとつながる事例も多く見られます。

清は，日清戦争での敗北で弱体化が明らかになり，**列強諸国は清から港湾の租借権や鉄道の敷設権など様々な権益を獲得しました。朝鮮の独立によって，東アジアでは，清を中心とする冊封体制は完全に崩壊し，主権国家体制に移行しました。**朝鮮では，日本の進出が強まったことによって，三国干渉で日本に圧力を加えたロシアに接近する動きも見られました。また，朝鮮は清の冊封体制から離れて，独立した主権国家であることを示すため，国名を**大韓帝国**（韓国）と改めました。

> 日清戦争の勝利で，国際的地位を高めた日本では，自分たちを列強の一員と考える国民意識が高まっていきました。

*1　19世紀後半，キリスト教（西学）に対抗して，儒教・仏教・道教に朝鮮の民間信仰を融合して創始された新宗教。甲午農民戦争は，その信徒が指導したので，東学の乱ともいう。

第1章 近代化と私たち —日本の産業革命

キーワード （日本銀行）（大阪紡績会社）
（製糸業の発展）（官営八幡製鉄所）

Q12 日本の産業革命はどのように進んだのですか？

A
- 日本銀行の設立による貨幣制度の安定が背景の一つ。
- 紡績業が成功，製糸業も発展して生糸輸出が拡大。日露戦争前後から，重工業も発展。

日本の産業革命の特色と，生活や貿易に及ぼした影響について理解しましょう。

　明治政府は，中央銀行として日本銀行を設立し，日本銀行券を発行させ，貨幣制度を安定させました。日本経済は，開港後の自由貿易→P.53により，イギリス製綿織物の流入で打撃を受けていましたが，**1880年代後半，綿糸を生産する紡績業などの軽工業を中心に，産業革命が始まりました。**

　紡績業の発展のきっかけとなったのは，**大阪紡績会社**の成功でした。大阪紡績会社では，輸入した綿花を原料に，欧米製の紡績機械を使用して綿糸を生産しました。生産された綿糸が輸出され，日清戦争後には，中国や朝鮮にも輸出が拡大され，輸出量が輸入量を上回るようになったのです。

　また，**幕末の開港以来，生糸は最大の輸出品で，生糸を生産する製糸業は海外に輸出して代金（外貨）を受け取る代表的な輸出産業でした。**1880年代後半以降，アメリカ合衆国向けの生糸の輸出が大幅に拡大し，日露戦争後には日本は清を抜いて，世界最大の生糸輸出国になりました。

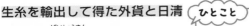

生糸を輸出して得た外貨と日清戦争で得た賠償金は，軍備拡張だけでなく，重工業の発展にも使われました。政府は，重工業の基礎となる鉄鋼の国産化を目指して，福岡県に官営の八幡製鉄所を設立しました。さらに，賠償金をもとに，欧米諸国と同じ金本位制を確立しました。

ひとこと

金本位制

自国の通貨を金と交換したり（金兌換），金の自由な輸出入を保証する制度。通貨の価値が安定する利点がある一方，金の保有分しか通貨を発行できないので，大量の通貨を必要とする戦時や不況時には不利です。また，貿易は金を基準に決済されるので，貿易赤字になると金が流出し，その防止のため緊縮財政を行えば景気が悪化します。そこで，世界恐慌時に，各国は金本位制を離脱して，輸出に有利な通貨価値の引き下げを行いましたが，経済は混乱しました →P.81。

　鉄道は，初めは官営の事業として敷設されてきましたが，日本最初の民間鉄道会社である**日本鉄道会社**の成功をきっかけに，鉄道会社の設立ブームが起こりました。日露戦争後には，軍事的な目的もあり鉄道国有法が制定され，輸送の一元化が進みました。人や物資の輸送が円滑となって，産業の発展をより推進させていったのです。

　海運業においては，政府の保護を得た**日本郵船会社**が，世界の主要港を結ぶ定期航路を開設し，貿易の発展を支えました。さらに，アメリカ向け生糸や中国・朝鮮向け綿糸・綿布の輸出が増加し，これによりインドから綿花の輸入も増加しました。一方，重工業の発展に不可欠である鉄や機械は，欧米からの輸入に依存する状況が続きました。

日本は他のアジア諸国と違って，農産物や鉱物資源を輸出するのではなく，工業製品を輸出できる国になったのですね。

はい。日本は経済的な自立も維持したうえで，アジアに市場などを求めて進出していったのです。

第1章 近代化と私たち —帝国主義

キーワード 帝国主義 第2次産業革命

植民地

Q13 列強はなぜ帝国主義を進めたのですか？

A

- 欧米諸国では，第2次産業革命を背景に，大銀行や国家と結びついた大企業が出現。資本主義の拡大のために，市場・原料供給地や資金の投資先となる植民地・従属地域の獲得を必要としたから。
- 帝国主義は，国民統合の手段としても機能したから。

18世紀後半にイギリスから始まった産業革命[→P.44]は，綿工業などの軽工業が中心で，石炭・蒸気力を動力源とするものでした。1870年代になると欧米諸国では，動力源として石油・電力が本格的に利用されるようになり，鉄鋼・機械などの重工業や化学工業が発達しました。この重化学工業を中心とした技術革新を，第2次産業革命といいます。

　第2次産業革命は，大規模な設備や巨額の資金，高度な科学技術を必要としました。さらに，1870年代半ばから1890年代までは長期的な不況でもあり，欧米諸国の企業は，資金や新しい技術を獲得して，不況を乗り切ろうとしました。そのために，銀行や国家との関係を強めたり，企業どうしの合併や大企業による中小企業の吸収などを進めたりしました。結果的に，大銀行と結びついた少数の大企業が国内市場を独占的に支配して莫大な利益をあげ，国家の政策を左右するまでになりました。

こうした状況下で，いっそうの経済成長と利益拡大をはかろうとすれば，**巨大化した国内産業のための市場や原料の供給地，あり余る国内資金の投資先を国外に求める必要**がありました。そこで，**資本主義の進んだ欧米諸国は，産業界と連携しながら，圧倒的な経済力・軍事力を背景に，植民地や従属地域の獲得・拡大を目指し，世界各地に進出して激しい競争を繰り広げたのです。以上のような列強諸国の侵略的な植民地獲得の動きを**帝国主義**と呼びます。この時期に，アフリカや太平洋地域はほぼ植民地として分割しつくされ，アジアの大部分も植民地化・従属地域化されました→P.50 。

古代のローマ帝国なども，利益を求めて領土を拡大しましたよね。それらとは異なる近代の帝国主義の特徴は，どのような点でしょうか。

近代の帝国主義の特徴は，資本主義国が利益を拡大し続けるために対外進出を行ったことです。多くの国が同時に植民地獲得を目指し，「世界の一体化」と世界分割が進みました。

列強諸国の政府は，帝国主義を促進することで，有色人種を劣等とみなす人種主義や**自国の優越をうたう排外的ナショナリズムを強調**して，貧富の差などの国内問題に対する国民の不満を外にそらすとともに，**国民統合を強化**していきました。日清戦争・日露戦争で台頭した日本も，植民地をもつ帝国主義国家の一員となり→P.59,65，列強諸国間の対立は，第一次世界大戦→P.72 を招くことになりました。

ポイント！	第2次産業革命	産業の大規模化	帝国主義
	・石油・電力が動力源 ・重化学工業が中心	・銀行と結びついた大企業の出現 ・市場・原料供給地・資金投下先が国外に必要	・列強の植民地獲得競争

  列強はなぜ帝国主義を進めたのですか？　63

第1章 近代化と私たち —日露戦争

キーワード　義和団戦争　日英同盟

日露戦争　韓国併合　辛亥革命

Q14 日露戦争で日本と周辺の国はどうなったのですか？

A
- 日本は，韓国の指導権を得て植民地支配を推進。
- ロシアは，南満洲・朝鮮から撤退してバルカン半島へ。
- 清朝の打倒を目指す革命運動が活発化。

日清戦争に敗れた清では，列強諸国の進出が激化しました。この動きに対し，排外的な宗教結社の義和団が，北京にある各国の公使館を包囲し，清も義和団に同調して列強に宣戦しました（**義和団戦争**）。日本・ロシアを中心とする列強の連合軍が出兵し，義和団と清を破りました。清は巨額の賠償金の支払いと，列強の軍隊の北京駐留を認めさせられました。

ロシアは，義和団戦争後も，満洲（中国東北部）に駐留を続けました。これを警戒する日本とイギリスは日英同盟を結び，1904年に**日露戦争**が始まります。戦争は日本優位に展開しましたが，日本の戦力と財政は限界に達してしまいます。そこで，アメリカ合衆国の仲介を受け，**ポーツマス条約**を結ぶことで講和が成立しました。**ポーツマス条約によって，ロシアは韓国に対する日本の指導権を認め，ロシアがもっていた遼東半島の旅順・大連の租借権と長春以南の鉄道とその付属の権益などを日本にゆずることを認めました**が，ロシアによる日本への賠償金の支払いは認められませんでした。日本では，賠償金が取れなかったことに反発して，講和に反対する**日比谷焼打ち事件**が起こりました。

日露戦争でロシアを退けた日本は，韓国の外交権を奪って保護国→P.59 とし，続いて内政権も奪い，1910年に韓国を併合(へいごう)しました。日本の植民地となった韓国は朝鮮と改称され，日本は朝鮮総督府(そうとくふ)を設置し，軍事力を背景に高圧的な統治を進めました。

ひとこと

日露戦争とアジア

アジアの新興国日本が大国ロシアに勝利したことは，インドやベトナムなどの民族運動に影響を及ぼしました。しかし，日本国民のなかには列強に並ぶ「一等国日本」という意識がめばえ，日本がアジアの指導的立場にあると考える人も現れました。その結果，アジア諸地域における日本への期待は，しだいに失望に変わっていきました。

ポーツマス条約によって，中国の長春以南の鉄道の権利を獲得した日本は，**南満洲鉄道株式会社（満鉄(てい)）** を設立しました。日本とロシアは日露協約を締(けつ)結し，満洲の権益を調整しました。**ロシアは極東(きょくとう)への進出を諦め，バルカン半島への南下を目指して，ドイツと対立するようになりました。一方，ロシアの極東での南下の脅威が去り，イギリスもロシアとの提携に転じました。**南満洲への進出を強める日本に対して，門戸開放(もんこかいほう)[1]を唱えて清への経済進出をねらうアメリカは，しだいに日本と対立していきました。

こうして，イギリス・ロシアなどがドイツを包囲する構図が生まれ，第一次世界大戦につながっていきます。

清では，義和団戦争敗北後，大日本帝国憲法を模範とした憲法大綱(たいこう)が発布されるなど立憲改革(りっけん)が進みました。一方，清朝打倒の革命運動もさかんになりました。日露戦争の影響を受けた孫文(そんぶん)は，東京で革命諸団体を大同団結させた中国同盟会を結成しました。1911年，辛亥革命(しんがい)が起こり，翌年共和国の中華民国(ちゅうか)が成立し，孫文は臨時大総統に就任しました。その後，清を打倒した袁世凱(えんせいがい)が政権を握りましたが，共和政は安定しませんでした。

---

*1　諸外国の経済活動のために港や市場(しじょう)を開放すること。アメリカは中国進出に出遅れていた。

19世紀の日本と欧米との接触に関する問題例です。

(2022年試作問題『歴史総合，世界史探究』)

19世紀のアジア諸国と欧米諸国との接触について，生徒と先生が話をしている。

先生：19世紀はアジア諸国と欧米諸国との接触が進んだ時期であり，アジア諸国の
　　　人々と欧米諸国の人々との間で，相互に反発が生じることがありました。例えば
　　　日本の開港場の一つであった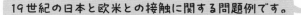横浜の近郊では，薩摩藩の行列と馬に乗ったイギリ
　　　ス人の一行との間に，図に描かれているような出来事が発生しています。それで
　　　は，この出来事に関連する他の資料を図書館で探してみましょう。

（この後，図書館に移動して調査する。）

高橋：横浜の外国人居留地で発行されていた英字新聞の中に，この出来事を受けて
　　　書かれた論説記事を見つけました。

（ここで，高橋が英字新聞の論説記事を提示する。）

中村：この記事は，現地の慣習や法律に従わなかったイギリス人の行動を正当化し
　　　ているように見えます。また，この出来事が，イギリス側でも，日本に対する反
　　　発を生んだのだと分かります。
先生：そのとおりですね。一方で，アジア諸国が欧米諸国の技術を受容した側面も
　　　大事です。19世紀のアジア諸国では，日本と同じく欧米の技術を導入して近代化
　　　政策を進める国が現れました。

問　文章中の図として適当なものあ・いと，後の年表中のa～cの時期のうち，図
　　に描かれている出来事が起こった時期との組合せとして正しいものを，後の①～
　　⑥のうちから一つ選べ。

図として適当なもの

あ 　　　　　　　　　　　い

日本の対外関係に関する年表

1825 年　異国船を撃退するよう命じる法令が出された。

　　　　　a

　　　　上記法令を撤回し，異国船への燃料や食料の支給を認めた。

　　　　　b

❸　イギリス艦隊が鹿児島湾に来て，薩摩藩と交戦した。

　　　　　c

1871 年　清との間に対等な条約が締結された。

① あ － a　　② あ － b　　③ あ － c
④ い － a　　⑤ い － b　　⑥ い － c

あ・いの図は見たことがないですね……。

図は見たことがなくても会話文の内容から判断できるようになっています。

問題文と年表から，薩摩藩とイギリスの対立が読み取れるので，知識に自信がなくても解けますよ。与えられた図もよく見て考えてみましょう。

　横浜近郊で起きた，薩摩藩とイギリス人との間での衝突を描いた図を選択し，またこの出来事が，19世紀の「日本の対外関係に関する年表」のなかのどこにあてはまるかを選択し，その組合せを答える問題です。

　まず，文章中の図にふさわしいのは**あ・い**のどちらかを考えてみましょう。
　文章中に「①横浜の近郊では，薩摩藩の行列と馬に乗ったイギリス人の一行との間に，図に描かれているような出来事が発生しています」とあります。この出来事は生麦事件のことを指します。

生麦事件とは，1862年，薩摩藩の島津久光一行が江戸から帰る途中，横浜近郊の生麦村で，馬に乗っていたイギリス人4名が一行の行列を乱したとの理由で，そのうち3名を殺傷した事件です。

　しかし，この事件の内容がうろ覚えでも，**あ・い**の図を比べてみると，**い**の図では，②馬に乗って洋服を着た人物（イギリス人と考えられる）を襲っている様子がわかるので，こちらが適当であると判断できます。ちなみに，**あ**は桜田門外の変を描いた図です。桜田門外の変で殺された井伊直弼が籠の外に引き出されている場面です。

次に，年表について考えてみます。これも，知識に自信がなくても，年表を読み解くことができれば正解を導き出せます。

年表中のbの直後の「③イギリス艦隊が鹿児島湾に来て，薩摩藩と交戦した」とは，薩英戦争のことを指します。年表の前後関係から，**薩摩藩の一行がイギリス人を襲った（生麦事件）→その事件の報復のために薩英戦争が起こった，という流れが妥当**だと考えられるので，bが正しいと判断できます。

年表の年号を示すと，次のようになります。

異国船を撃退するよう命じる法令が出された（**1825年：異国船打払令**）→上記法令を撤回し，異国船への燃料や食料の支給を認めた（**1842年：天保の薪水給与令**）→薩摩藩がイギリス人を襲った（**1862年：生麦事件（b）**）→イギリス艦隊が鹿児島湾に来て，薩摩藩と交戦した（**1863年：薩英戦争**）→清との間に対等な条約が締結された（**1871年：日清修好条規**）

もちろん，これらの年号を覚えていれば簡単に正解できますが，上記のとおり，**年表の前後関係を読み解くことでも解答できます**。

よって，**い**と**b**の組合せで，解答は**⑤**に決まります。

このような問題は，もっている知識に加えて「問題文や資料を読み解く」ことが重要になります。出来事の前後関係も論理的に推測して解くようにしましょう。

1600　1700　1800　1900　2000

第2章 国際秩序の変化や大衆化と私たち
—大衆化

キーワード（大衆化）（普通選挙）（マスメディア）（総力戦）

Q 15　大衆化とはどういうことですか？

A
- 政治・社会・文化などが，大衆を主役とするものに移行すること。
- 参政権の拡大，教育の普及，マスメディアの発達などを背景に促進。第一次世界大戦で加速。

19世紀後半以降，第2次産業革命→P.62と帝国主義→P.63を進めた欧米諸国では，工業生産の増大や植民地からの利益などによって，労働者の賃金上昇や生活水準の向上が見られました。都市は，多くの人々が移住して繁栄し，急増した**事務職（ホワイトカラー）などの新中間層**が近代的な都市生活・都市文化を謳歌しました。

> **ひとこと**
>
> ### 中間層（中産階級）
> **中間層**とは，資本主義社会においては，資本家→P.44層と下層労働者との間に位置する諸階層を指します。もともとは，自作農・手工業者・商人などの伝統的な自営業者が該当しました。その後，資本主義の発達にともなって，技術者・専門職や事務系サラリーマン（ホワイトカラー）のように生産作業に直接従事しない賃金労働者が大量に生み出されると，彼らを区別して**新中間層**と呼ぶようになりました。

　同時に，各国で**選挙権の拡大や男性**普通選挙**の実現**など，**人々の政治参加が進み**，政党の結成も相次ぎました。また，**初等教育の普及**によって識字率が上がったことで，**巨大な発行部数を誇る新聞や雑誌などの**マスメディア**が発達**し，膨大な量の情報が共有されるようになりました。

こうして，一部の指導者や富裕層・エリートをのぞく無数の一般の人々は，大量生産された工業製品や，似たような教育・情報・生活様式に囲まれて，**画一化・均質化された存在**となっていきました。彼らを**大衆**と呼び，**政治・社会・文化などが大衆を主役とするものに移行することを，大衆化**といいます。大衆は，選挙権の拡大を背景に政治的影響力を強め，社会運動などを通して自分たちの要望の実現をはかろうとしました。日本では，日比谷焼打ち事件[→P.64]や第一次護憲運動[→P.78]などが起こり，政府は大衆の動向を軽視できないことを悟りました。

大衆化が加速する大きな契機となったのが，第一次世界大戦でした。**国民全体が自国の戦争遂行に動員される**総力戦体制[→P.72]となったことで，人々は戦争協力への見返りに様々な権利を要求するようになりました。その結果，**欧米諸国では，男性普通選挙や女性参政権が実現し，民主主義が発展**しました。日本でも，民主主義を求める**大正デモクラシー**の風潮[→P.78]のなか，男性普通選挙が実現しました[→P.79]。また，戦争継続への不満から帝政を打倒し，社会主義政権を樹立した**ロシア革命**[→P.73]も，政治の大衆化の一例といえます。一方，第一次世界大戦後は，植民地・従属地域でも大衆運動がさかんになりました。イギリスの植民地であった**インドでは，ガンディーの指導する非暴力・不服従の民族運動に，大衆が大規模に参加**しました。

大衆の大きな力によって，政治や社会が動かされ，民主主義（デモクラシー）が進展したのですね。

はい。ただ，第一次世界大戦後のイタリアやドイツでは，ファシズムが巧みな宣伝で大衆の心をつかみ，政権を獲得しました[→P.82]。大衆が権力者やマスメディアに操作されやすいという側面にも注意する必要があります。

第2章 〉 国際秩序の変化や
大衆化と私たち
―第一次世界大戦

キーワード 第一次世界大戦 総力戦
女性参政権 ロシア革命

Q16 第一次世界大戦はどのような影響を与えたのですか？

A

■総力戦を背景に，男性普通選挙の普及や女性参政権が実現。植民地（しょくみんち）では，民族運動が活発化。
■ヨーロッパ諸国の疲弊（ひへい）と，アメリカの影響力の増大。ロシア革命によって社会主義政権が成立。
■アジアは好況（こうきょう）となり，大衆的政治運動が高揚（こうよう）。

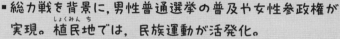

　1914年，バルカン半島での対立からオーストリアがセルビアに宣戦布告すると，世界の国々は，自国の同盟や外交関係に従って次々にこれに参戦しました。その結果，**ロシア・フランス・イギリス・日本・アメリカ合衆国などの協商国（連合国）**と，**ドイツ・オーストリア・オスマン帝国などの同盟国が戦う**史上初の世界戦争，すなわち**第一次世界大戦**となったのです。

　長期化する戦争を勝ち抜くため，各国で国民を総動員する**総力戦**体制がとられました。**男性は徴兵（ちょうへい）などによって広く戦場に動員され，労働力不足となった職場や軍需（ぐんじゅ）工場で女性が働きました。**大戦前には政府と対立していた社会主義政党なども自国の戦争遂行に協力し，また，植民地の人々も兵士や労働力として大規模に動員されました。こうした状況下で，労働者や女性の政治参加を求める声が強まり，**大戦中から戦後にかけて，欧米諸国を中心に男性普通選挙が普及し，イギリス・ドイツ・アメリカなどで女性参政権**が実現しました。一方，**植民地では，自治・独立を求める民族運動が活発化**しました。

第一次世界大戦は，4年あまり続いたのですよね。なぜ長期化したのですか？

機関銃の攻撃に対して溝を掘って防御する塹壕戦が主流になり，戦線が膠着しました。また，重化学工業の発展を背景に，毒ガス・戦車・飛行機・潜水艦など高度な兵器の大量生産が可能となり，各国の戦争継続を支えたことも一因です。

　第一次世界大戦の勝敗は，総力戦を担う国民の結束力に加え，兵器や物資を供給し続ける工業力にも左右されました。**当初中立であった世界最大の工業国アメリカが，1917年に協商国側で参戦**すると，協商国側が優勢となり，工業力で劣る**同盟国側が翌年降伏して大戦は終結しました。ヨーロッパ諸国が大戦で疲弊する一方，アメリカの国際的影響力は増しました。**協商国側でも，国民統合や工業力の弱いロシアで，総力戦への不満から1917年に**ロシア革命が起こり，帝政が倒れ，世界初の社会主義政権（ソヴィエト政権）が成立**しました。翌年，**ロシアは大戦から離脱**しました。

　大戦中，各国は自陣営を強化するために，秘密外交を含む様々な外交を展開しました。なかでも**イギリスは，アラブ人とユダヤ人の戦争協力を得るために，それぞれにパレスチナにおける独立を約束する矛盾した外交**を行い，これが現在まで続くアラブ人とユダヤ人のパレスチナをめぐる激しい対立（**パレスチナ問題**）の原因となりました→P.103。

　戦争のためヨーロッパの企業や資金が引き上げた**アジアでは，工業製品の生産が増大して好況となり，これを背景に大衆的政治運動が高揚**します。大戦景気に沸く日本では，米騒動を機に本格的な政党政治が始まりました→P.78。また，列強の支配や進出を受けた地域では，**民族自決**→P.74**やロシア革命の影響などもあり，民族運動・独立運動がさかん**になりました。

第2章 国際秩序の変化や大衆化と私たち —第一次世界大戦後の世界

キーワード 十四カ条の平和原則 民族自決
国際連盟 ヴェルサイユ体制 ワシントン体制

Q 17 第一次世界大戦後の世界の枠組みはどのようになったのですか？

A

- 国際協調と軍縮を目指す気運が高揚。
- ヨーロッパ中心にヴェルサイユ体制が成立。民族自決で東ヨーロッパに独立国が誕生。国際連盟の創設。
- 東アジア・太平洋地域では，ワシントン体制が成立。

第一次世界大戦末期，**アメリカ合衆国大統領のウィルソン**が，**十四か条の平和原則を発表**しました。その内容は，**軍備縮小**，**民族自決*1**，**国際平和機構の設立**などで，大戦終結後の**パリ講和会議の基本原則**となりました。戦勝国は，講和会議で一方的に決定した厳しい講和条約を，敗戦国に課しました。なかでも，敗戦国の中心となった**ドイツが連合国と結んだヴェルサイユ条約**は，**すべての海外植民地の放棄**，**アルザス・ロレーヌのフランスへの割譲**，**大幅な軍備制限**，**巨額の賠償金**など，非常に過酷なものでした。

講和会議の結果，大戦中の**ロシア革命で崩壊したロシア帝国**や，**敗戦で解体したオーストリア＝ハンガリー帝国**から，**ポーランドをはじめ多くの国々が民族自決の原則に基づいて独立を承認**されました。一方，ドイツが放棄したアフリカ・太平洋諸島の植民地や，同じく敗戦国のオスマン帝国が放棄したアラブ地域といった**非ヨーロッパ地域は，民族自決が適用されず，戦勝国が統治を委任される形で（委任統治）,事実上の植民地支配**を行いました。日本も，赤道以北の旧ドイツ領南洋諸島を委任統治領としました。

第一次世界大戦前の東ヨーロッパは，複雑な民族問題を抱えていましたね。大戦後に民族自決が認められて，問題は解決したのですか。

イギリスやフランスが東ヨーロッパ諸国を独立させたのは，ロシア革命の影響を防ぐ目的もありました。そのため，少数民族問題が解決されなかった新興国が多く，ユーゴスラヴィア内戦など現代の民族紛争の原因にもなりました。

　また，恒久的な国際平和機構として，国際連盟が発足しました。これは，大戦前の軍事同盟などに代えて，集団安全保障[*2]の思想を制度化した点が画期的でした。日本は，常任理事国の一国となりました。

　以上のように，ヨーロッパ中心に形成された第一次世界大戦後の国際秩序をヴェルサイユ体制といいます。一方，アメリカは，ワシントン会議を開催し，太平洋諸島の現状維持や日英同盟の解消を決めた四か国条約，中国の主権尊重や門戸開放などを確認した九か国条約，アメリカ・イギリス・日本など主要国の主力艦保有を制限する海軍軍備制限条約を成立させました。これらにより，大戦中に日本が台頭した東アジア・太平洋地域において，新たにアメリカ主導の国際秩序，すなわちワシントン体制が形成されました。

大戦の再発防止のために，様々な国際協調の努力がなされたのに，結局，第二次世界大戦を防げなかったのですね。

講和条約の内容が報復的で，敗戦国に不満が残りました。また，国際連盟は，大国のアメリカが終始加盟しなかったことや違反国に軍事制裁を課せなかったことなど不備がありました。これらも，第二次世界大戦の遠因と考えられます。

*1　各民族が他国に干渉されることなく，自民族の帰属や政治組織を決定するべきであるという考え。一民族一国家の理念につながる。
*2　ある加盟国に対する攻撃を，すべての加盟国への攻撃とみなして，攻撃された国を防衛する義務を全体に負わせる仕組み。

第2章 ⟩ 国際秩序の変化や
大衆化と私たち
—大衆消費社会

キーワード 大衆消費社会 債権国 自動車

大量生産・大量消費 アメリカ的生活様式

Q18 大衆消費社会とは何ですか？
どうして始まったのですか？

A
- 大衆消費社会とは，都市の大衆を主な担い手とした大量生産・大量消費を特徴とする社会。
- 第一次世界大戦後，債権国として繁栄したアメリカで，自動車・家庭電化製品などが普及したから。

　ヨーロッパは，第一次世界大戦で主な戦場となり，戦勝国も敗戦国も大きく疲弊しました。一方，**国土が戦争の被害を直接受けなかったアメリカ合衆国と，ロシア革命を経て成立した社会主義国のソ連が，大戦後の世界で台頭**しました。とくに**アメリカは，大戦中，イギリス・フランスなどに物資の提供や資金の貸付を行った**だけでなく，**最終的に連合国側で参戦して，その勝利に大きく貢献しました。そのため，国際的発言力が強まり，経済的にも債権国***1 として利益をあげ，国際金融の中心は，イギリスのロンドンから，アメリカのニューヨークに移っていきました。

　大戦後のアメリカは，議会が拒否したため，国際連盟には加盟しませんでしたが，**ワシントン体制**→P.75 や不戦条約 *2 を主導して，国際協調を推進しました。また，**ドイツに融資を行って経済復興を支援し，イギリス・フランスなどへのドイツの賠償支払いを円滑**化させたため，ヨーロッパ経済が安定しました。同時に，イギリス・フラ

▼アメリカによるドイツ援助

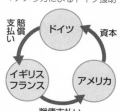

ンスのアメリカへの戦債（戦時債務^{さいむ}）支払いも進みました。

　こうした国際情勢のなか，1920年代のアメリカ国内では，巨大な経済力に応じた新しい社会が生まれ，かつてない繁栄の時代を迎えました。すでに**フォード**が，**ベルトコンベアによる流れ作業方式の導入で，自動車の大量生産と低価格化に成功**していましたが，大戦後は，**冷蔵庫・洗濯機といった家庭電化製品**や日用品など，他の産業にもこの大量生産システムが拡大しました。そして，**大量生産された商品を大量に消費したのが，同時期に都市で増加したホワイトカラーなど，新中間層**→P.70を中心とした購買力のある人々でした。マスメディアによる商品の宣伝広告が，彼らの購買意欲をいっそう刺激しました。また，**映画やジャズ音楽，プロスポーツ観戦などの大衆娯楽**が広がり，**ラジオ放送**も始まりました。

　大衆消費社会とは，以上のような**都市の大衆が主な担い手となった大量生産・大量消費・大衆文化を特徴とする社会**のことです。そこで営まれた**アメリカ的な生活様式**は，豊かな生活の象徴となって，ヨーロッパや日本，世界へと広がり，現代の資本主義社会を形づくっていくことになりました。

資源も市場も無限ではないですよね？　大量生産・大量消費の生活スタイルがいつまでも続くとは思えないのですが。

実際にアメリカでは，まもなく過剰生産を一因とした不況^{ふきょう}に陥り，これが世界恐慌^{きょうこう}に発展しました。そして，「持続可能な社会」が差し迫った課題である現在，地球環境に大きな負担をかける大量生産・大量消費の見直しが求められています。

*1　資金を他国に貸付けていて，取り立てる権利をもつ国。
*2　国際紛争解決の手段としての戦争を禁止することを定めた。アメリカとフランスの提唱で，1928年に日本を含む15か国が調印し，のち参加国は63か国まで増加した。

第2章 国際秩序の変化や大衆化と私たち —大正デモクラシー

キーワード　大正デモクラシー　普通選挙運動

社会運動　労働運動

Q 19 大正時代になぜ社会運動・労働運動がさかんになったのですか？

A
- 第一次護憲運動や米騒動など，大衆運動が高揚したから。
- 第一次世界大戦の影響を受けた世界各地の大衆運動や，ロシア革命の刺激があったから。
- 大戦景気により工場労働者数が増加したから。

大正デモクラシーの風潮が日本の政治や社会にどのような影響をもたらしたのか理解しましょう。

　日本では，大正時代に入った頃，**藩閥政治**（特定の藩出身者が独占した政治）に反発する大衆運動（**第一次護憲運動**）によって内閣が倒され（**大正政変**），**普通選挙運動**（普選運動）の機運も高まりました。同時期の世界では，**第一次世界大戦の影響で，労働者の権利拡大や大衆の政治参加を求める動きが強まり，また，ロシア革命も起こりました** →P.73 。

　大戦景気 →P.73 は資本家をうるおした反面，物価も上昇したため，人々の生活は苦しくなりました。とくに，政府がロシアの社会主義政権への干渉を目指して**シベリア出兵**を宣言すると，軍で米が必要になると見込んだ商人が米を買い占め，米価が急騰しました。これに対して，米の安売りを求める米騒動が全国各地で起こりました。米騒動を機に，**立憲政友会**の**原敬**を首相とする本格的な政党内閣が成立しました。

また，大正時代になると，高等教育機関の拡充やマスメディアの発達を背景に，人々の間で政治への関心が高まりました。**吉野作造**は「デモクラシー」の訳語として**民本主義**を唱え，普通選挙制度に基づく政党内閣の実現を主張しました。この頃，**美濃部達吉**が主張した**天皇機関説**も，政党内閣を支える理論でした。

> **ひとこと**
>
> **民本主義と天皇機関説**
>
> 民本主義とは，政治の目的を民衆の利益と幸福に置き，政策決定において選挙による民意を尊重する思想です。天皇機関説とは，主権 →P.43 は天皇ではなく国家にあり，天皇は国家の最高機関として，憲法の枠内で統治するという思想です。

社会運動・労働運動の具体例を見てみましょう。**大戦景気によって工場労働者数が急増**し，労働者の地位の向上を目指した**友愛会は，労働組合の全国組織へと発展**し，農村でも，小作料引き下げを求める**小作争議を指導する日本農民組合**が結成されました。ロシア革命の影響で，**非合法のうちに日本共産党が結成**されました。女性の地位向上を主張する**新婦人協会も結成**され，さらに女性参政権の獲得を目指す運動も始まりました。また，**全国水平社が結成**され，部落解放運動も本格化しました。

大正政変後，男性の普通選挙権獲得を目指す運動がさかんになり，1925年に**普通選挙法**が成立しました。同時に，共産主義思想の影響を受けた，天皇制の打倒や私有財産制度の否認を目的とする運動を取りしまる**治安維持法**が制定されました。以上のような**大正時代（1912〜26年）に高揚した，民主政治・自由主義を目指す風潮を大正デモクラシー**といいます。

せっかく民主主義の風潮が高まったのに，このあと日本では軍部の発言権が強まりますよね？

民意の支持を受けて政権を獲得した政党が，政権争いに明け暮れたため，国民の失望を招き，代わって軍部への期待が高まることになりました。

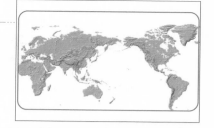

第2章 国際秩序の変化や 大衆化と私たち —世界恐慌

キーワード 世界恐慌 ニューディール

ブロック経済

Q20 世界恐慌はどのような影響を与えたのですか？

A

- アメリカなどで国家が積極的に経済に介入。
- ブロック経済の形成により，自由貿易が阻害。
- 第一次世界大戦後の国際協調体制の崩壊。

世界恐慌の原因と日本への影響，世界恐慌から脱出をはかる各国の動向を理解しましょう。

　1920年代後半，アメリカ合衆国やヨーロッパ諸国の内政・経済が安定し，国際協調が進みました。ところが，アメリカで好景気による過剰生産などを原因として，1929年にニューヨークのウォール街の株式市場で株価が大暴落しました。その結果，銀行や企業が次々と倒産し，街には失業者があふれました。**アメリカ経済に依存していたヨーロッパや日本などにも恐慌が波及し，世界恐慌**となりました。

　世界恐慌が発生した当時，アメリカは国家の経済への介入は最小限にするべきという姿勢を守っており，恐慌への対応に消極的でした。しかし，その後大統領になった**フランクリン＝ローズヴェルト**は，工業製品や農産物の生産調整や失業者対策として公共事業を行うなど，**国家が積極的に経済に介入するニューディール**で景気の回復を目指しました。

日本はすでに，1920年代，大戦景気が終了し，**関東大震災**[*1]や銀行の経営悪化を原因とする慢性的不況に陥っていました。さらに，世界恐慌の影響を受け，輸出はいっそう減少し，企業の倒産が相次ぎ失業者が急増して，深刻な**昭和恐慌**が発生しました。とくに，米価の下落や，アメリカ向け生糸輸出の不振から原料の繭の価格が暴落し，農村は窮乏しました。

一方，社会主義の計画経済を行っていたソ連は，世界恐慌の影響を受けず，経済成長を続けました。ソ連の成長は，恐慌に苦しむ資本主義諸国に強い印象を与え，各国で国家による経済介入が試みられました。当時，各国は金本位制をとっていましたが，イギリスが金本位制を離脱すると，日本やアメリカなどもこれに続きました。こうして，国際経済の一体性は崩れていきました。

イギリス・フランス・アメリカなど植民地や勢力圏を多くもつ国は，貿易の促進によって景気を回復するため，**ブロック経済**を形成しました。**日本・ドイツ・イタリアなど，植民地や勢力圏に乏しい国は，これによって打撃を受け，国外に領土を広げることで恐慌から脱出しようとしました。これらの国の行動が，ヴェルサイユ体制・ワシントン体制を崩壊させ，第二次世界大戦につながることになります。**

> **ひとこと**
>
> ### ブロック経済
> 自国の通貨を基準に，植民地・勢力圏との間に排他的な経済圏（ブロック）を形成すること。ブロック内には特恵関税（低関税），ブロック外には高関税を課し，ブロック内での貿易促進により景気の回復をはかりました。しかし，世界の貿易が縮小して経済的に弱体な国が打撃を受け，国際対立を激化させることにもなります。

各国が自国の経済回復を優先させたり，ブロック経済を形成して自由貿易を阻害したりすれば，第一次世界大戦後の国際協調体制は崩れることになりますよね。

*1　1923年9月1日に発生。マグニチュード7.9，死者・行方不明者は10万人以上。

第2章 国際秩序の変化や大衆化と私たち ―ファシズム

キーワード ファシズム ファシスト党

ムッソリーニ ナチ党 ヒトラー

Q21 ファシズムとは何ですか？なぜ台頭したのですか？

A
- ファシズムとは，独裁的な指導者が反共産主義・反民主主義を掲げ，極端なナショナリズムのもと，暴力や対外侵略によって国民統合をはかる動き。
- 不況や世界恐慌の影響で支持されるようになったから。

1920年代，民主主義が成長するとともに共産主義も台頭する一方，**ファシズム**と呼ばれる動きがイタリアで生まれました。イタリアは，第一次世界大戦の戦勝国でありながら，領土要求が満たされず，ヴェルサイユ体制への不満が高まっていました。共産主義の活動も活発化するなか，**ファシスト党**の**ムッソリーニ**は，新中間層→P.70 だけでなく，資本家・地主・軍部など保守勢力の支持も得て政権を獲得し，一党独裁体制を確立しました。さらに，対外侵略を行って，国民の支持を得ました。

ファシズムは世界恐慌を機に各地に広まりました。ドイツでは，**ヒトラー**が国民社会主義ドイツ労働者党（**ナチ党**）の党首として，**ヴェルサイユ体制の打倒を主張し，さらに反共産主義や反民主主義を掲げました。世界恐慌で失業者が急増すると，ナチ党は巧みな大衆宣伝で国民の支持を得て，選挙で第1党となり，政権を獲得し，国会の立法権を政府に与える全権委任法を成立させ，独裁体制を確立しました。**また，**国際連盟から脱退**して，ヴェルサイユ条約で禁じられていた再軍備を宣言し，その後，対外侵略を始めました。

このように，**ファシズム体制では反共産主義・反民主主義を唱える独裁的な指導者のもと，議会制が否定され，言論など国民の自由は統制されました。また，国民の団結をはかるため，極端なナショナリズム** →P.48 **が強調されました**。体制に同調しない者は暴力的に弾圧され，その際に，ナチ党がユダヤ人を迫害したように，人種差別や少数者の排斥_{はいせき}が行われることもありました。対外的には，軍備の拡大と領土の拡張を目指しました。

どうしてこのようなファシズム体制を国民は支持したのですか？

たとえばドイツでは，軍需産業や公共事業などによって失業者を激減させたことが，大きな要因と言えるでしょう。

一方で，ファシズムに対抗して，反ファシズムの動きも強まります。反ファシズムの姿勢をとり，国際的地位が高まったソ連は，国際連盟への加盟が認められました。また，共産主義者・社会主義者だけでなく自由主義者らも参加して，各地で反ファシズム連合の**人民戦線**が結成されました。

同時期の日本でも，慢性的_{まんせいてき}不況で →P.81 軍国主義・全体主義化の動きのなか，満洲_{まんしゅう}などへの対外侵略に活路を見出す声が高まりました。**満洲事変**_{じへん} →P.85 の頃から，軍部や国家主義者らは，政党・財閥_{ざいばつ}などが日本のゆきづまりの原因であると主張するようになりました。1932年には犬養毅_{いぬかいつよし}首相が暗殺される**五・一五事件** →P.85 が起こって政党政治は終焉_{しゅうえん}し，1936年には陸軍青年将校が政府要人を暗殺した**二・二六事件**も起こりました。この結果，国内では陸軍の発言力が高まることになりました。

ドイツの再軍備・対外侵略とイタリアの対外侵略によってヴェルサイユ体制は崩壊し，日本の満洲事変によってワシントン体制は崩壊に向かいました。

第**2**章 国際秩序の変化や
大衆化と私たち
──満洲事変

キーワード 蔣介石 柳条湖事件 満洲事変

満洲国建国 国際連盟脱退

Q22 満洲事変の背景と影響はどのようなものですか?

- 背景：日本国内の慢性的不況や軍の発言権の強化があり，柳条湖事件を機に満洲事変が勃発。
- 影響：日本は国際連盟を脱退し，国際的に孤立した。

満洲事変の背景と経緯を理解し，日本が国際的に孤立していった過程と国内世論などにも注目しましょう。

1920年代，中国国民党の**蔣介石**が中国の統一を目指して軍事行動を開始し，その途上で南京に**国民政府**を樹立しました。国民政府は，列強が中国で獲得していた権益の回収や租借地の回復などを目指しました。これを受けて**関東軍**[*1]は，満洲における日本の権益が失われるという危機感を深めました。また，当時の日本では，関東大震災や金融恐慌による社会不安，財閥と政党の癒着などの政治不安が高まっていました。そこで関東軍は満洲を直接支配下に置こうとし，満洲の軍事指導者**張作霖**を爆殺しました。しかし，関東軍のねらいどおりにはいかず，結果的に満洲は国民政府の支配下に入りました。

このような関東軍の暴走や，その後の世界恐慌の波及（昭和恐慌）→P.81にもかかわらず，当時の日本政府は国際協調の維持を外交方針とし，補助艦の保有制限などを定めた**ロンドン海軍軍縮条約**を締結しました。しかし，これに軍部や右翼は強く反発しました。

1931年，関東軍は，満洲の奉天（現在の瀋陽）郊外の柳条湖で南満洲鉄道の線路を爆破する柳条湖事件を起こしました。これを中国軍のしわざとして関東軍は軍事行動を開始し，満洲事変が始まりました。軍事行動を拡大し，満洲のほとんどを

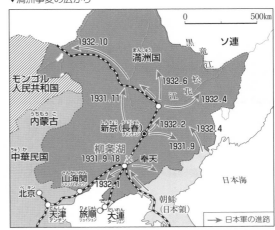

▼満洲事変の広がり

占領した関東軍は，清朝最後の皇帝であった溥儀を執政として満洲国を建設しました。満洲国承認に消極的な犬養毅首相が暗殺される（五・一五事件）と，政府は満洲国を認めました。国民の多くは関東軍の行動を支持しました。

中国の訴えを受けて国際連盟が派遣したリットン調査団は，満洲事変は日本の侵略行為であり，満洲国を認めないとする報告書を出しました。国際連盟はこれを支持したため，日本は国際連盟からの脱退を通告しました。

その後，日本はワシントン海軍軍備制限条約とロンドン海軍軍備制限条約からも離脱し，国際的に孤立しました。こうして，ワシントン体制 →P.75 は崩壊していきました。同時期に，ヴェルサイユ体制の打破を進めて国際的に孤立していたドイツ・イタリアと，反ソ連・反共産主義の立場で日本は結束しました（日独伊三国防共協定）。国内世論の大勢は政府の決定を支持しました。

結束したドイツ・イタリア・日本が，第二次世界大戦では枢軸国の中心となり，アメリカ・イギリス・ソ連中心の連合国と対峙しました。

*1　関東州（旅順・大連地区）と南満洲鉄道の警備を任務とする1919年に設置された部隊。

第2章 国際秩序の変化や
大衆化と私たち
―日中戦争

キーワード　盧溝橋事件　日中戦争
第2次国共合作　国家総動員法

Q23 日中戦争の背景と影響はどのようなものですか？

A
- 背景：中国は国民政府（国民党）と共産党が内戦を停止して抗日で提携。盧溝橋事件を機に戦争勃発。
- 影響：戦争が長期化し，日本では，国家総動員法の制定と大政翼賛会の成立など軍国主義体制の強化。

満洲事変以降，日本では軍部が台頭し，国家主義的な傾向が強まり，二・二六事件 →P.83 の後は，いっそう軍部が政治に介入するようになりました。

中国では，蔣介石の率いる国民政府が抗日戦よりも共産党との内戦を重視していました。これに対して共産党は，コミンテルン（ソ連共産党指導下の国際共産党組織）の指令を受けて，国民党に抗日民族統一戦線の結成を呼びかけました。日中両国の関係が緊張するなか，1937年，北京郊外で日本軍と中国軍が衝突する盧溝橋事件を契機に，日中戦争が始まり，まもなく第2次国共合作*1が成立しました。

▼日中戦争の拡大

日中戦争による戦線の拡大
→ 日本軍の進路
数字 戦闘または占領年

ソ連
満洲国
モンゴル人民共和国
奉天 1931
北京
盧溝橋
天津
日本海
朝鮮
日本
中華民国
徐州 1938
青島
1938
黄海
南京 1937
武漢
1938
援蔣ルート
重慶
チョンチン
上海 1937
東シナ海
広州 1938
香港 1941
台湾
0　500km

中国で第2次国共合作・抗日民族統一戦線が成立した頃，フランス・スペインなどでもコミンテルンの指導下に，反ファシズムの人民戦線 →P.83 が結成されていました。

日本軍が国民政府の首都である**南京**を占領すると，国民政府は最終的に首都を**重慶**に移し，徹底抗戦の姿勢を見せました。国民政府は，ビルマやインドシナなどを経由するルート（**援蔣ルート**）を通じて，アメリカ合衆国・イギリス・ソ連からの援助を受けながら戦ったため，戦争は長期化しました。北方の満洲やモンゴルにおいても，日本軍とソ連軍は衝突しました。

資本主義のアメリカ・イギリスと共産主義のソ連が足並みを揃えたわけですか？

アメリカ・イギリスは，ファシズムに対抗するため，共産主義との提携に踏み切ります。また当初はアジアにおける民族自決に否定的でしたが，日本に対抗するため国民政府を支持するなど，しだいに民族運動を支援するようになります。

日中戦争が長期化すると，日本国内では，軍国主義体制が強化され，政府が議会の承認なく戦争に必要な物資や労働力を動員できる**国家総動員法**が制定されました。そして，**ナチ党のような強い指導力をもつ政党の樹立を目指して**，**大政翼賛会**が結成されました。また，日用品や食糧などの統制が強まりました。さらに，**朝鮮・台湾**では**皇民化政策**が強化され，植民地の人々を総動員する体制も整えられました。一方，援蔣ルートを遮断する目的などから，東南アジアへの進出をはかる**南進論**が高揚しました。

こうして太平洋戦争につながっていくわけですね。では日中戦争は，中国にどのような影響を与えたのですか？

最終的に戦勝国として国際的地位を向上させることとなりました。また，共産党は毛沢東の指導下に民衆と結びついて勢力を拡大させ，戦後の中華人民共和国の建国 →P.102 にもつながります。

*1　これに先立つ第1次国共合作は，中国統一を目指して1920年代に行われていた。

第2章 国際秩序の変化や大衆化と私たち——第二次世界大戦

キーワード　大西洋憲章　国際連合　ブレトン＝ウッズ体制　民族自決

Q24 第二次世界大戦の影響はどのようなものですか？

A
- 国際連盟の不備を克服して，国際連合が発足。
- 経済の安定と自由貿易の推進のため，アメリカを中心とするブレトン＝ウッズ体制が構築される。

第二次世界大戦は，ドイツのポーランド侵攻により開始しました。ドイツ・イタリア・日本中心のファシズム陣営とアメリカ合衆国・イギリス・ソ連中心の反ファシズム陣営の戦争でした。

　ファシズム陣営（枢軸国側）では，まずイタリアが降伏し，1945年にドイツも降伏してヨーロッパの戦争が終わりました。同年，日本も，沖縄で住民も巻き込む地上戦が展開され，広島・長崎に**原子爆弾**が投下されると，ポツダム宣言を受諾して降伏しました。これにより数千万人の犠牲を出した第二次世界大戦は終結し，**全体主義・軍国主義は否定**されたのです。**勝利した反ファシズム陣営（連合国側）は，第一次世界大戦後に形成された国際連盟・ヴェルサイユ体制・ワシントン体制**→P.75**では，平和を守ることができなかった反省を踏まえ，新しい国際秩序の構築をはかりました。**

　アメリカとイギリスは，すでに，大戦中の1941年，**大西洋憲章**を発表していました。この憲章は，戦後世界の目標を示したもので，**安全保障体制の再建，自由貿易体制，民族自決の確立**などを提唱し，これらが戦後国際秩序として具体化されていくことになりました。

　国際連盟に代わる安全保障体制として，大戦後まもなく**国際連合**が発足しました。国際連盟は，アメリカのような大国が不参加で，軍事制裁の手段をもたず，議決方法も総会での全会一致であったため，国際紛争の解決に有効な動きがとれませんでした。そこで国際連合では，**安全保障理事会**を設置して強力な権限を与えました。安全保障理事会では，拒否権をもつ常任理事国（アメリカ・イギリス・フランス・中国・ソ連の五大国）の意見の一致で軍事制裁も可能となりました。また，大戦中にドイツによるユダヤ人の大量虐殺（ホロコースト）など深刻な人権侵害が行われたことを受け，人種・宗教・性などによる差別を禁止する**世界人権宣言**が国連総会において採択されました。

　また，世界恐慌期に各国が行った**ブロック経済**→P.81 などのために，国際対立が激化しました。そこで，圧倒的な経済力を有するアメリカを中心に，経済の安定と自由貿易体制の構築が目指されました。第一に大量の金を保有する**アメリカの通貨ドルを，金と交換可能な基軸通貨**とし，各国の通貨とドルの交換比率を固定しました（**固定相場制**）。これを補強するため，**国際通貨基金（IMF）**と**国際復興開発銀行（IBRD）**を組織しました。さらに，**関税と貿易に関する一般協定（GATT）**を締結し，**自由貿易を推進**しました。以上のような国際経済体制を**ブレトン＝ウッズ体制**と呼びます。

　第一次世界大戦後，アジア・アフリカには，民族自決が適用されませんでしたが→P.74，第二次世界大戦後には，アジア・アフリカのほとんどすべての地域で独立が実現しました→P.103。

ヨーロッパの植民地支配は完全に崩壊していくのですね？

はい。二度の大戦で疲弊したヨーロッパ諸国は地域統合に活路を見出し→P.98，一方，台頭したアメリカとソ連が資本主義と社会主義の対立を繰り広げていくのです。

第2章 国際秩序の変化や
大衆化と私たち
──第二次世界大戦後の世界

キーワード （トルーマン＝ドクトリン）（マーシャル＝プラン）
（コメコン）（NATO）（ワルシャワ条約機構）

Q25 第二次世界大戦後の国際秩序はどうなったのですか？

A
- 米ソ対立を背景に，資本主義諸国（西側陣営）と社会主義諸国（東側陣営）の対立である冷戦が本格化。
- 安全保障機構として，アメリカ率いる北大西洋条約機構（NATO）とソ連率いるワルシャワ条約機構が成立。

　第二次世界大戦中，主にソ連がドイツ支配から解放した東ヨーロッパでは，戦後，ソ連の影響下に共産党政権が樹立されました。ソ連の勢力拡大のなか，1946年，イギリスのチャーチル前首相は，**「鉄のカーテン」演説**によってソ連の脅威を訴えました。こうして**アメリカ合衆国を中心とする資本主義諸国（西側陣営）と，ソ連を中心とする社会主義諸国（東側陣営）の対立が表面化していきました。**

　アメリカは，ギリシア・トルコが共産化するのを防ぐため，ソ連勢力に対する「封じ込め」政策である**トルーマン＝ドクトリン**を表明します。さらに，**マーシャル＝プラン**と呼ばれるヨーロッパ経済復興援助計画を発表しました。ソ連は，これに対抗して**コミンフォルム（共産党情報局）**を設立し，東欧諸国などの共産党との結束をはかりました。

　第二次世界大戦の敗戦国ドイツは，戦後，アメリカなどに西側を，ソ連に東側を分割占領されていました。1948年，アメリカなどの管理下にあった

西ベルリンへの交通路をソ連が遮断しました（**ベルリン封鎖**）。緊張が高まるなか，翌1949年に，ソ連は**経済相互援助会議**（**COMECON**）を結成して東側諸国のみの経済協力体制を構築し，アメリカは西側諸国と安全保障機構である**北大西洋条約機構**（**NATO**）を結成しました。同年，ベルリン封鎖が解除されると，ドイツは東西に分断された国家となりました。また，**ソ連が原子爆弾の開発に成功して，唯一の核兵器保有国であったアメリカの優位性は失われました。**さらに，1955年，ソ連は東欧諸国と安全保障機構である**ワルシャワ条約機構**を結成しました。

　同時期のアジアでも，インドシナ戦争，南北朝鮮の成立，中華人民共和国の成立，朝鮮戦争の勃発→P.102など，米ソの対立が及んでいました。**1950年代半ばまでに，アメリカは，太平洋安全保障条約（ANZUS），日米安全保障条約，米韓相互防衛条約，東南アジア条約機構（SEATO），バグダード条約機構（METO）**[*1]など，多くの反共軍事同盟を構築しました。

第二次世界大戦後，米ソ両国は直接的な軍事衝突には至りませんでしたが，東西両陣営の間は極度の緊張・対立状態にありました。これを「冷戦」といいます。ただし，アジアでは，インドシナ戦争や朝鮮戦争のように，米ソの代理戦争として，直接戦火を交えた地域もありました。

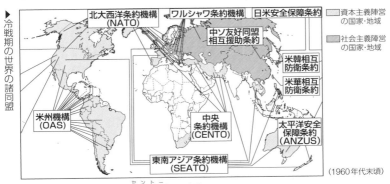

▶冷戦期の世界の諸同盟

北大西洋条約機構（NATO）　ワルシャワ条約機構　日米安全保障条約　□資本主義陣営の国家・地域　■社会主義陣営の国家・地域　中ソ友好同盟相互援助条約　米韓相互防衛条約　米華相互防衛条約　米州機構（OAS）　中央条約機構（CENTO）　太平洋安全保障条約（ANZUS）　東南アジア条約機構（SEATO）　（1960年代末頃）

*1　1959年に中央条約機構（CENTO）に改称。

キーワード　非軍事化　民主化　象徴天皇制

サンフランシスコ平和条約　日米安全保障条約

Q26　日本の占領政策はどのように進められたのですか？

A
- 連合国軍最高司令官総司令部（GHQ）が設置され，非軍事化と民主化を実行。
- アメリカは冷戦の影響により占領政策を転換。

　第二次世界大戦に勝利した連合国軍による日本占領は，アメリカ合衆国を中心とする**連合国軍最高司令官総司令部（GHQ）**によって進められました。GHQの当初の日本統治の方針は，日本の**非軍事化**と**民主化**でした。すなわち，日本の陸軍・海軍の解体，極東国際軍事裁判（東京裁判）による戦争指導者の責任追及，女性参政権の付与，教育の民主化（軍国主義教育の禁止など），農地改革，財閥の解体などを行いました。また，国民主権・平和主義（戦争放棄）・基本的人権の尊重の3原則を明確にした**日本国憲法**が1947年に施行されました。国民が主権者となり，天皇は国政に関する権限はもたず，日本国・国民統合の象徴と規定されました（**象徴天皇制**）。

イギリスやアメリカでは，第一次世界大戦を背景に女性参政権が実現したと学びましたが →P.72 ，日本は第二次世界大戦後なのですね。

はい。20歳以上の男女平等の普通選挙となり，戦後最初の衆議院議員総選挙で39人の女性議員が誕生しています。日本国憲法では男女平等が明記され，教育基本法や改正された民法でも，男女の平等・同権が前提とされました。

第二次世界大戦後，朝鮮半島は分断され，中国では国共内戦に勝利した共産党が中華人民共和国を建国するなど，アジアでも共産主義勢力が拡大しました➡P.102。このような情勢のなか，**アメリカは日本を共産主義に対する防壁とするため，占領政策を転換し，日本の経済の復興と政治の安定を優先させました**。戦後の日本国内の激しいインフレーションをおさえ，経済を自立させるため，**GHQは日本政府に対し，財政の均衡，徴税の強化などを指示しました**。その具体策として，アメリカの銀行家ドッジの勧告による**ドッジ＝ライン**が実施され，インフレーションは収束に向かいました。また，財閥解体も緩和されました。

1950年に**朝鮮戦争**➡P.102が勃発すると，日本に駐留するアメリカ軍を中心とする国連軍が朝鮮半島に派遣されることになりました。そのため，手薄になる日本の治安維持に不安が生じるとして，**GHQの指令により警察予備隊が創設され，事実上の再軍備が始まりました**。こうしたなか，アメリカは日本との講和を進め，1951年，**サンフランシスコで52か国が参加する対日講和会議が開催されました**。かつての連合国内の意見の対立によって，中国は中華民国（台湾）と中華人民共和国のどちらも招かれませんでした。日本と48か国の間で**サンフランシスコ平和条約**が締結されましたが，ソ連などは調印を拒否しました。

> この平和条約によって，日本は独立を回復しましたが，沖縄などの南西諸島や小笠原諸島は，引き続きアメリカの支配下に置かれることとなりました。

平和条約の調印と同じ日に**日米安全保障条約**も締結され，アメリカ軍の日本での駐留が継続され，日本はアメリカの極東軍事戦略に編入されることになりました。**冷戦**➡P.91が深刻化するなか，**日本は西側陣営の一員として国際社会に復帰したのです**。朝鮮戦争後の日本は，特需景気によって経済復興にはずみをつけ➡P.109，また，**自衛隊**が発足しました。

実際の共通テスト問題を見てみよう

第一次世界大戦のヨーロッパ諸国に関する問題例です。

（2022年試作問題『歴史総合，世界史探究』）

戦争の際のナショナリズムや他者のイメージについて，絵を見ながら生徒と先生が話をしている。

先生：以前の授業では，一つの国民あるいは民族から成る国家を建設する動きをナショナリズムという用語で説明しました。それは異なる言葉や生活様式を持つ人々を均質な国民として統合しようとする動きと言えますね。

まさき：島国として地理的なまとまりが強い日本には，わざわざナショナリズムによって国民を統合するような動きは見られないですよね。

ゆうこ：そんなことはないでしょう。日本は，昔も今も一つの民族による国家だと思う人はいるかもしれませんが，そうではなく，異なった言語や文化を持った人々によって構成されていたのです。近代において，そういった人々を，ナショナリズムによって統合していった歴史があったはずです。

まさき：その際，抑圧の側面も存在したと考えてよいのでしょうか。

先生：そのとおりです。

さて今回は，20世紀の戦争に目を向けてみましょう。そこでは，敵対する他者が戯画化されて，表現されることがよくあります。次の絵を見てください。これは第一次世界大戦が始まった際に，フランスのある新聞に掲載された絵です。解説には，フランスを含む5つの国の「文明戦士がドイツとオーストリアというモンスターに立ち向かう」と書かれています。5つの国には，フランスのほかに ア などが当てはまると考えられますね。どちらも，三国協商を構成した国です。

ゆうこ：交戦相手を怪物として描いてその恐ろしさを強調することで，敵に対する国民の憎悪をかきたてて団結させようとしているのですね。

まさき：このように敵対意識を表現することや，他の国と比べて自国を良いものだと考えることで自国への愛着を促すこと，これらもナショナリズムと言えるのでしょうか。

先生：そのとおりです。ほかにも，植民地支配からの独立を目指す動きもナショナリズムに基づいていると言えます。

ゆうこ：ナショナリズムには多様な現れ方があるのですね。

問 文章中の空欄 ア について，(1)及び(2)の問いに答えよ。

(1) 文章中の空欄 ア に入る国の名として正しいものを，次の①〜⑥のうちから<u>一つ</u>選べ。**なお，正しいものは複数あるが，解答は一つでよい。**

① アメリカ合衆国　　② イギリス　　③ イタリア
④ チェコスロヴァキア　⑤ 日本　　⑥ ロシア

(2) (1)で選んだ国について述べた文として最も適当なものを，次の①〜⑥のうちから一つ選べ。

① 血の日曜日事件が起こった。
② サルデーニャ王国を中心として統一された。
③ 奴隷解放宣言が出された。
④ ズデーテン地方を割譲した。
⑤ チャーティスト運動が起こった。
⑥ 中国に対して，二十一か条の要求を行った。

正しい答えが複数あるのですか？

そうです。解答するのは1つでよいので，落ちついて考えてみましょう。

ヨーロッパは国がたくさんあるし，第一次世界大戦の頃の国際関係も複雑で覚えきれません。

詳細な知識は必要ありませんが，第一次世界大戦が起こった背景については，基本的な事項を押さえておく必要があります。

　第一次世界大戦について描かれた絵の解説文を読み，(1)では，フランス以外の三国協商を構成した国を，(2)では，(1)で選んだ国について述べた文として最も適当なものを，それぞれ選択肢から選ぶ問題です。

　(1)から見ていきます。第一次世界大戦が起こった背景となる知識を確認しておきましょう。第一次世界大戦前のヨーロッパで，**①三国協商を構成した国は「イギリス・フランス・ロシア」，三国同盟を結んでいた国は「ドイツ・オーストリア・イタリア」** です。「正しいものは複数あるが，解答は一つでよい」問題なので，フランス以外の三国協商の国，「②イギリス」か「⑥ロシア」のどちらかを思い出せれば大丈夫です。

　「②イギリス」は，ドイツの帝国主義的「世界政策」を警戒し，フランスと英仏協商，ロシアと英露協商を結びました。その結果，すでに成立していた露仏同盟とあわせて，イギリス・フランス・ロシアの協力関係である三国協商が形成されました。

　「⑥ロシア」は，同じスラヴ系国家であるセルビアなどを支援し，バルカン半島においてオーストリアと対立しました。ドイツは三国同盟を結んでいたオーストリアを支援したため，三国同盟と三国協商の対立が激化しました。

やっぱり，ある程度の知識は必要なのですね。

三国協商と三国同盟は，中学校でも学習している内容です。歴史総合がむずかしく感じる場合，中学校での江戸時代より後の学習内容を復習してから歴史総合を学習するのも，ひとつの手段です。

次に(2)について見ていきましょう。「②イギリス」か「⑥ロシア」について述べた文として適当なものを選ぶ問題です。

「①血の日曜日事件が起こった」のはロシアです。日露戦争中，ロシアで，民衆のデモに対して軍が発砲した事件です。

「②サルデーニャ王国を中心として統一された」のはイタリアです。

「③奴隷解放宣言が出された」のは南北戦争中のアメリカ合衆国です。

「④ズデーテン地方を割譲した」のはチェコスロヴァキアです。ヒトラーの要求に屈したイギリス・フランスの宥和政策により，ドイツへの割譲が承認されました。

「⑤チャーティスト運動が起こった」のは産業革命が進行したイギリスにおいてです。労働者階級が参政権を求めて起こした社会運動です。

「⑥中国に対して，二十一か条の要求を行った」のは日本です。

正解は(1)が②の場合，(2)は⑤，(1)が⑥の場合，(2)は①となります。

「血の日曜日事件」と「チャーティスト運動」は本書の歴史総合部分の本文では扱っていません。ただ，この問題で学習した新しい知識として，「日露戦争」「産業革命」に関係する出来事として押さえておきましょう。

第3章 グローバル化と私たち
―グローバル化

キーワード　グローバル化　ヨーロッパ連合

世界貿易機関　インターネット　世界金融危機

Q27 グローバル化とはどういうことですか？

A

- 現代世界において，大量の人・物・資本・情報が国境を越えて地球規模で移動し，各地が緊密に結びついていく現象。冷戦終結後に急速に進展。
- インターネットの普及などIT革命によって促進。

　グローバル化とは，人々の活動が地球規模に拡大することです。とくに，**人や物だけでなく資本（カネ）や情報も国境を越えて大規模かつ高速に行き交い，世界の諸国家・諸地域が緊密に結びついていく現代世界の情勢**を指すことが一般的です。

　第二次世界大戦後，**国際通貨基金（IMF）や関税と貿易に関する一般協定（GATT）**などにより，国際的な通貨制度の整備や自由貿易の推進がはかられました〔→P.89〕。西ヨーロッパでは，フランスと西ドイツを中心に経済統合が進み，1960年代に発足した**ヨーロッパ共同体（EC）**は，

ひとこと

ヨーロッパ統合

　他国の干渉から独立した主権国家の登場〔→P.43〕は，民主主義を促す一方，国益のための戦争を多発させました。実際，主権国家を生み出したヨーロッパから，2度の世界大戦が起こりました。その反省もあり，第二次世界大戦後のヨーロッパでは，主権国家の枠組みを越えて政治・経済の統合を目指す新たな試みとして，今日のEUに至る地域統合が進められています。しかし，人の移動の自由化で雇用不安の高まったイギリスが，国民投票を経てEUを離脱したように，主権の一部を超国家機構に譲渡するというヨーロッパ統合の構想は，多くの困難にも直面しています。

その後，イギリスや南欧諸国なども加えて**巨大な統一市場を形成**しました。また，複数の国に活動拠点をもつ**多国籍企業も成長**していきました。

　こうしたグローバル化は，**冷戦終結**→P.107 後には，社会主義体制が崩壊したロシア・東ヨーロッパや，市場経済を導入した中国なども含め，まさに地球規模で加速することになりました。**ECは**ヨーロッパ連合（EU）に発展して，東ヨーロッパにも加盟国を増やし，他地域でもこれに刺激されて，**自由貿易圏の形成を目指す動き**が活発化しています。また，自由貿易のいっそうの促進のため，**GATTは常設機関の**世界貿易機関（WTO）に改組されました。そして，急速なグローバル化を技術面で支えるのが，海上・航空輸送システムの高度な発達と，**インターネット**の普及を背景とした情報通信技術の発達（IT革命/ICT革命）です。とくにインターネット上の取引によって，国際的な資金の瞬時の移動が容易になり，国際金融市場が大いに活性化するようになりました。

　グローバル化の進む世界では，一国・一地域の問題が世界規模に波及していきます。**2008年にアメリカ合衆国で起こった不況が**世界金融危機（リーマン＝ショック）を招いたことが典型ですが，**世界的な環境破壊の進展や感染症の拡大，国際的なテロ組織の活動**なども深刻化しています。また，グローバル化によって世界各地で**経済格差が進行**し，**排外的ナショナリズムと結びついた反グローバル化の運動**や社会の分断も激しくなっています。

現在のような情報化社会では，個人情報の悪用や，フェイクニュース（偽の情報）の拡散も心配です。

グローバル化で雇用などが悪化したと考える中低所得層などの人々の間では，グローバル化を主導するエリートへの不満が広がっています。この動きを利用して，フェイクニュースで世論の操作をはかり，支持を集める政治家もいます。

第3章　グローバル化と私たち
―1950〜60年代の世界

キーワード　平和共存　キューバ危機

中ソ対立　ド＝ゴール　ベトナム戦争

Q28
冷戦(れいせん)はどのように進行したのですか？

A

- 1950年代後半は，平和共存・「雪どけ(きょうそん)」の時代。
- 1960年代初頭は，キューバ危機など東西対立再燃。
- 1960年代は，米ソの求心力が低下する一方，様々な国・勢力が台頭し，冷戦構造が動揺(どうよう)。

　1950年代半ばまでに冷戦の構造は固定化され→P.91，続く**1950年代後半は，東西両陣営の対立が緩和(かんわ)された時代**でした。そのきざしは，すでに1950年代前半，ソ連の独裁的(どくさいてき)指導者スターリンの死と，朝鮮戦争(ちょうせん)・インドシナ戦争→P.102の休戦に見られます。ソ連の外交政策の転換で，1955年に**アメリカ合衆国・ソ連・イギリス・フランスの指導者による**ジュネーヴ4巨頭(きょとう)**会談**が行われ，翌年には**ソ連共産党第一書記の**フルシチョフ**がスターリン時代の独裁・粛清(しゅくせい)を批判し（**スターリン批判**），資本主義諸国との平和共存路線**を明確にしました。そして，1959年に**フルシチョフの訪米が実現**しました。**「雪どけ」と呼ばれるこの米ソ和解の雰囲気**のなか，日本はソ連と国交を回復し，国際連合への加盟を果たしたのです→P.108。

　アメリカとソ連は歩み寄っているのに，ここから冷戦の終結までには，30年もかかるのですね。

　この時代の平和共存は，冷戦構造を前提とした関係改善にほかなりません。たとえば，ソ連は東欧社会主義国ハンガリーの自由化要求を武力で弾圧し，社会主義体制の維持に努めました。

　アメリカとソ連は，平和共存を模索する一方，核兵器の開発競争を続けて牽制しあいました。**1960年代初頭は東西対立が再燃**し，ソ連がキューバにミサイル基地を建設したことにアメリカが抗議して，核戦争の危機が高まりましたが，ソ連の譲歩で収束しました（**キューバ危機**）。危機を回避した米ソ両国は，部分的核実験禁止条約や核拡散防止条約（NPT）によって核兵器の国際的管理へ向かいました。しかし，**スターリン批判以来，社会主義の方針をめぐってソ連と関係が悪化していた中国**は，反発を強め，中ソ対立は国境での武力衝突に発展しました。東欧諸国でも，ソ連からの自立を目指し，**チェコスロヴァキアで「プラハの春」と呼ばれる民主化運動が起こりました**が，ソ連がワルシャワ条約機構の軍を動員して鎮圧しました。

　西側諸国では，**フランスがド＝ゴール**大統領のもと，中華人民共和国の承認やNATO軍事機構からの脱退など，アメリカの影響力に対抗する独自の外交を進めました。**アメリカは，ベトナム戦争の長期化による軍事費の増大**などで財政赤字が拡大しただけでなく，**日本や西ドイツの飛躍的な経済成長**→P.109によって貿易収支も悪化しました。さらに，**世界的なベトナム反戦運動**に直面して，国際的威信は失墜していきました。

　1960年代は，東西どちらの陣営にも属さない第三勢力も存在感を増しました→P.103。つまり，**米ソ両国が求心力を低下させる反面，他の様々な国や勢力が台頭**する時代を迎え，冷戦構造は動揺し始めたのです。

1960年代は，ベトナム反戦運動や「プラハの春」のような，学生や市民の運動が高揚したのですね。

アメリカでは，黒人差別撤廃を訴える公民権運動がベトナム反戦運動と結びついて激化しました。日本では60年安保闘争や大学紛争などが，フランスでは学生・労働者たちの五月危機（五月革命）が起こっています。

キーワード 中華人民共和国 朝鮮戦争

第三勢力 アジア＝アフリカ会議 「アフリカの年」

Q29 冷戦の時代のアジア・アフリカはどうなったのですか？

A
- 中国・朝鮮半島・ベトナムでは，冷戦の影響下に，2つの政府や国家が成立して対立する状況が発生。
- 東西両陣営に属さない第三勢力を形成する動きも出現し，アジア＝アフリカ会議などが開催される。

第二次世界大戦中に日本が占領・進駐していた東アジア・東南アジアでは，大戦中の民族運動や抗日運動を基礎に，戦後の民族独立の運動が活発になりました。中国では，**1949年，内戦に勝利した共産党が中華人民共和国を建国すると，敗れた国民党は台湾に逃れて中華民国政府を維持して対抗しました。日本の支配から解放された朝鮮半島では，北緯38度線を境に北をソ連，南をアメリカ合衆国が占領**したのち，それぞれ朝鮮民主主義人民共和国（北朝鮮），大韓民国（韓国）が成立しました。**1950年に勃発した朝鮮戦争は，アメリカ中心の国連軍が韓国を，ソ連や中国が北朝鮮を支援**して国際戦争となり，1953年の休戦後，南北朝鮮の分断が固定化しました。

フランス領インドシナでは，ベトナム民主共和国の独立が宣言されると，翌年，フランスとの間にインドシナ戦争が起こりました。フランスは，1954年にジュネーヴ休戦協定を結んで撤退し，ベトナムは北緯17度線で南北2つの国に分断されました。共産主義の拡大を恐れるアメリカは，その後，南北ベトナムの内戦に軍事介入し，ベトナム戦争が本格化しました。

イギリス統治下でヒンドゥー教徒とムスリム（イスラーム教徒）の対立が深まったインドは，1947年に**ヒンドゥー教徒が多いインドとムスリムが多いパキスタンに分離独立**し，その後も両国は衝突を繰り返しました。パレスチナをめぐっては，第一次世界大戦中のイギリスの多重外交を背景に，ユダヤ人とアラブ人の対立が生じ〔→P.73〕，第二次世界大戦後には，**ユダヤ人が建国したイスラエルとアラブ諸国との間に，4度の中東戦争**が起こりました。

冷戦の激化にともない，アジア・アフリカ諸国には，**東西いずれの陣営にも属さない非同盟中立の第三勢力（第三世界）を形成**する動きが現れました。1954年に**中国の周恩来首相とインドのネルー首相が会談**し，主権尊重・平和共存などの**平和五原則**を発表しました。翌1955年には，**インドネシアのバンドンでアジア＝アフリカ会議が開催**され，平和五原則を発展させた**平和十原則**が採択されました。この会議は，アフリカの独立運動にも影響を与え，サハラ以南では，**ガーナが独立**したのち，**1960年には17か国が独立して「アフリカの年」**と呼ばれました。そして，1960年代初頭には，ユーゴスラヴィアで第1回非同盟諸国首脳会議が開かれました。

アジア＝アフリカ会議は，第三勢力の連帯において大きな意味をもったのですね。

それだけではなく，第三勢力の台頭と平和の主張は，米ソが歩み寄る「雪どけ」〔→P.100〕にも影響を与えたとされます。また，アジア＝アフリカ会議には日本も招待され，独立回復後に参加した最初の大規模な国際会議となりました。

しかし，1960年代後半からは韓国・インドネシアなど開発途上国の一部で，政治的には**西側寄りの立場に立ち，その融資や援助を受けながら経済発展を優先させる強権的な政治体制**が出現しました。これを**開発独裁**といい，1970年代以降こうした国々が急速な工業化を遂げました。

第3章 グローバル化と私たち —石油危機

キーワード ドル＝ショック デタント
石油危機 サミット 新自由主義

Q30 石油危機で世界はどのように変わったのですか？

A
- 西側諸国の多くは，ドル＝ショックとともに長期の経済停滞。サミットの開催や技術革新で景気回復を模索。1980年代には新自由主義に移行。
- 中東の産油国やNIESなど開発途上国の一部が台頭。

　ブレトン＝ウッズ体制では，アメリカ合衆国の通貨ドルが，金と交換可能な基軸通貨とされました →P.89 。しかし，ベトナム戦争の軍事費などでアメリカの経済が悪化すると，その金保有量は減少し，ドルの国際的信用が低下していきました。そこで，**1971年にアメリカのニクソン大統領は，金とドルの交換停止を発表**したのです（**ドル＝ショック**）。また，**固定相場制**も，その後，**変動相場制**に移行して，**ブレトン＝ウッズ体制は完全に崩壊**しました。

　この頃，アメリカはベトナム戦争からの撤退を模索し，敵対する北ベトナムの支援国である中国・ソ連との関係改善に乗り出しました。中ソ対立 →P.101 を激化させていた中国はこれに応じ，**1972年にニクソンがアメリカ大統領として初めて中国を訪問**します。さらに同年，ニクソンは，ソ連と第1次戦略兵器制限交渉（SALT Ⅰ）に調印し，軍縮を進めました。ヨーロッパでは，**西ドイツのブラント首相が，東欧諸国との関係改善をはかる東方外交**を行い，1973年には東西ドイツが同時に国際連合加盟を果たしました。こうした**1970年代の緊張緩和**を**デタント**と呼びます。

　1973年，イスラエルとアラブ諸国との間に**第4次中東戦争**が起こりました。その際，石油輸出国機構（**OPEC**）とアラブ産油国が，原油価格の引き上げや，イスラエルを支持するアメリカなど西側諸国への原油輸出の制限・停止を行い，原油価格が急騰しました。その結果，中東の安価な石油に依存して経済成長を続けてきた西側諸国を中心に，世界的不況となりました。これが**第1次石油危機（オイル＝ショック）**です。なお，1979年のイラン＝イスラーム革命の影響で，原油価格は再び高騰しました（**第2次石油危機**）。

　西側先進国は，こうした世界経済の諸問題に協調して対応するため，毎年，サミット（先進国首脳会議）を開くようになりました。各国は，**省エネルギー・省資源化やコンピュータによるハイテクノロジー化などの技術革新**によって不況を乗り切ろうとしましたが，日本をのぞいて経済回復は停滞しました。一方，原油価格の高騰で収入が激増した中東の産油国や，人件費を低く抑えた安価な工業製品を先進国に輸出して急速な工業化を遂げた**韓国・台湾・香港・シンガポール**などの**新興工業経済地域（NIES，NIEs）が台頭**し，開発途上国の間でも格差が表面化しました（南南問題）。

　第二次世界大戦後の多くの西側諸国では，手厚い福祉政策が重視されてきましたが，石油危機後の景気低迷のなか，**1980年代には社会保障費の削減などで財政を縮小し，自由放任経済に回帰する新自由主義が政治の潮流**となりました。**イギリスのサッチャー政権，アメリカのレーガン政権**が典型で，日本でも中曽根康弘内閣が民営化政策を推進しました→P.109。

　1970年代には，ドル＝ショックと石油危機という2つの経済危機があったのですね。

　それらにともなうブレトン＝ウッズ体制の崩壊や西側諸国の経済停滞など，第二次世界大戦後の国際秩序の転換期といえるでしょう。そうしたなか，米ソ両国はデタントを進めたのです。

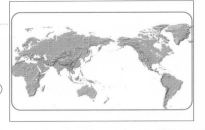

第3章 グローバル化と私たち
―冷戦の終結

キーワード ゴルバチョフ ペレストロイカ

東欧革命 マルタ会談

Q 31 冷戦はどのように終結したのですか？

A
- 新冷戦による軍事費増大で，米ソの財政難が加速。
- ソ連のゴルバチョフが，ペレストロイカや新思考外交を掲げ，アメリカと関係修復。
- 東欧革命を受け，米ソ首脳が冷戦終結を宣言。

1970年代はデタント（緊張緩和）が進んだ時代でしたが →P.104，そのまま冷戦終結とはなりませんでした。**1979年，ソ連がアフガニスタンに軍事侵攻して現地の社会主義政権を支援し，これに反発したアメリカ合衆国がアフガニスタンの反政府ゲリラを援助して介入**したからです。東西関係は一気に冷え込み，**新冷戦**とも呼ばれる緊張が再び訪れました。

1981年にアメリカ大統領に就任した**レーガン**は，**減税や規制緩和などの新自由主義的改革** →P.105 を採用する一方で，**軍事力を増強してソ連との対決姿勢**を鮮明にしました。当時のアメリカは，日本からの輸入が急増して**貿易赤字が拡大**していましたが →P.109，減税や国防費の増大は**財政赤字も悪化**させることになりました。

産油国であるソ連は，石油危機による原油価格の高騰で利益を得たこともあって，西側諸国のような産業構造の改革や技術革新の機会を逃し，経済や社会はゆきづまっていきました。こうしたなかでの**アフガニスタン侵攻や新冷戦による巨額の軍事費の負担は，ソ連をいっそう疲弊**させました。

冷戦下での軍備拡張競争が、米ソの財政を圧迫し、冷戦は終結に向かったのですね。

そうですね。冷戦は、資本主義と社会主義というイデオロギー（主義主張）の対立だったので、立場を変えることもできず、対立が硬直化・長期化したと言われます。

1985年にソ連共産党書記長となった**ゴルバチョフ**は、ソ連を立て直すため、**ペレストロイカ**と呼ばれる全般的な改革に着手しました。外交面では、**新思考外交**を掲げてアメリカとの対話に踏み切り、**中距離核戦力（INF）全廃条約**を締結しました。また、**アフガニスタンからも撤退**しました。

長年ソ連の支配下に置かれてきた東欧諸国では、ペレストロイカの影響も受けて民主化運動が高揚しました。**1989年には、ポーランドで選挙によって非共産党系政権が誕生したのを機に、各国で共産党一党支配が終焉し（東欧革命）、ベルリンの壁**[*1]**も開放**されました。同年末の**マルタ会談**で、ゴルバチョフとアメリカのブッシュ（父）大統領は冷戦終結を宣言しました。

冷戦終結前後は、世界的にも民主化の気運が高まりました。1980年代後半には**韓国・台湾・フィリピン**などで独裁体制が終わり、**南アフリカ共和国では1991年にアパルトヘイト**（人種隔離政策）が撤廃されました。ただ、中国では、民主化要求運動が武力で弾圧されました（**天安門事件**）。

冷戦終結により、東側の安全保障機構であったワルシャワ条約機構[→P.91]は解体したのですよね。

はい。一方、西側の安全保障機構である**NATO**は、冷戦後も存続し、加盟国を東ヨーロッパにまで拡大させています。しかし、これはロシアの反発を招くことになりました。

*1　東ドイツ政府が、自国内にある西ベルリンを経由して国民が西ドイツへ脱出するのを防ぐため、東西ベルリンの境界に建設した。東西ドイツの分断や冷戦の象徴的存在となっていた。

キーワード 日ソ共同宣言 高度経済成長
日中共同声明 プラザ合意

Q32 冷戦の時代の日本の政治・外交・経済はどうだったのですか？

A

- 1950年代：55年体制の成立，日ソ共同宣言。
- 1960年代：高度経済成長，日韓基本条約。
- 1970年代：沖縄返還，日中国交正常化。
- 1980年代：プラザ合意，民営化，バブル経済。

　日本は主権を回復すると，日華平和条約を結んで中華民国（台湾）と国交を結びました。さらにビルマなど東南アジア諸国と戦時賠償交渉や国交の樹立を進めました。

　冷戦の影響を受け，**アメリカ合衆国に依存する安全保障を主張する自由民主党（保守勢力）と，非武装中立を主張する日本社会党（革新勢力）が国会で対峙する55年体制**が始まりました。ソ連が平和共存路線を明確にするなか→P.100，1956年，**鳩山一郎内閣は日ソ共同宣言**に調印し，ソ連と国交を回復させ，ソ連の反対で実現していなかった**国際連合に加盟**しました。

> **ひとこと**
>
> **日本の戦時賠償**
>
> 第二次世界大戦後，日本は東南アジア4か国に総額約10億ドルの戦時賠償を支払いました。その支払いは日本製品の提供や道路・港湾施設建設などのサービス（役務の供与）として行われました。その結果，日本の商品や企業が東南アジアに進出するきっかけになりました。石油危機後，開発途上国との友好関係を築くため，途上国に資金を供与する政府開発援助（ODA）が拡大し，日本は1989年に世界第1位の資金供与国となりました。

太平洋戦争によって壊滅的な打撃を受けた日本経済は、朝鮮戦争勃発を契機とする**特需景気**によって立ち直りました。**1955年には国民総生産(GNP)が戦前水準を超え、「もはや戦後ではない」**と言われるような戦後の復興をなし遂げました。**高度経済成長**の時代に突入したのです。

岸信介内閣は、1960年に**日米安全保障条約を改定**しましたが、**安保闘争**と言われる反対運動が起こりました。続く**池田勇人内閣**は、**所得倍増計画を**掲げて経済成長を促進させました。**佐藤栄作内閣**は**日韓基本条約**を結んで韓国と国交を樹立しました。そして**1968年、資本主義諸国ではGNPが西ドイツを抜いて世界第2位**となりました。

その間、**アメリカがベトナム戦争に本格的に介入する** → P.101, 102 と、**沖縄は米軍機の出撃基地**となりました。ベトナム戦争で疲弊したアメリカは、**沖縄返還**に同意し、1972年、米軍基地の残存などを条件に、返還が実現しました。さらに、デタントを背景に、アメリカと中国が接近すると → P.104、日本も**日中共同声明**を発表し、中華人民共和国との国交を正常化させました。

1970年代には、ドル＝ショックと変動相場制への移行による円高や、**石油危機による石油価格の急騰**などにより**高度経済成長は終わりました**が、世界的な不況のなかで、日本はいち早く景気を回復して安定成長の時代に入り、「経済大国」と言われるようになりました。日本の輸出拡大は**日米貿易摩擦**を引き起こし、アメリカから市場開放などを強く迫られました。1985年の**プラザ合意**で円高ドル安となると、日本の輸出産業は打撃を受けましたが、日本銀行の低金利政策により、**バブル経済**が始まりました。一方、1980年代の新自由主義 → P.105 の潮流のなか、日本でも**中曽根康弘内閣が国鉄など国営企業の民営化**を行いました。

> 冷戦終結後まもなくバブル経済は終了し、長い不況の時代となりました。また、1993年には55年体制も崩壊しました。

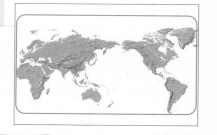

第3章 グローバル化と私たち
—現代の世界と日本

キーワード　グローバル化　地球温暖化

地域紛争・民族紛争　少子高齢化

Q 33 現代の世界と日本にはどのような課題があるのですか？

A

- 世界：グローバル化による経済格差，環境問題，国際テロ，地域紛争・民族紛争，人権問題。
- 日本：少子高齢化，周辺諸国との摩擦。

　冷戦終結後，**グローバル化**が加速し，国境を越えた経済活動がますますさかんになるなか，**リーマン=ショックのように一国の経済危機が世界同時不況を引き起こす**ことが増えました →P.99。また，富を得た者と得られなかった者との格差が拡大し，開発途上国（南）と先進工業国（北）の経済格差（**南北問題**）に加えて，開発途上国間の格差（**南南問題**）→P.105 も顕著になっています。**地球温暖化による気候変動，オゾン層の破壊，海洋汚染，砂漠化などの環境問題**も，地球規模の広がりを見せています。

　グローバル化で人の移動が活発になり，旅行者や**移民**が増加しただけでなく，**国際的なネットワークをもつテロ組織の活動**も深刻化しました。とくにアメリカ合衆国の中東への介入に対する反発も背景に，イスラーム急進派が台頭し，**同時多発テロ事件***1 など国際テロが頻発しています。また，冷戦期に抑え込まれていた地域や民族の問題が表面化し，**地域紛争・民族紛争が激化**しました。人口急増や環境破壊による食料不足とともに，こうした戦争・紛争・テロなどが，大量の**難民**を生み出す原因となっています。

以上のようなグローバル化の弊害を受けて，世界では反グローバル化の動きも強まっています。流入する移民・難民への差別や，テロへの嫌悪感から無関係のイスラーム系住民を排斥する事件などが，欧米諸国を中心に後を絶ちません。これらの排外主義は，人権問題にも関わることです。

人権問題といえば，女性の政治的権利獲得後も根強く残る**男女間の社会的不平等の問題**も重要です。近年では，先住民文化や性の多様性の尊重など，従来抑圧されてきた少数派の人々の権利が注目されています。

グローバル化のなか，日本も世界と同様の問題を抱えています。バブル経済→P.109崩壊後，長期の不況に見舞われ，2000年代の大規模な**規制緩和などで所得格差が拡大**しました。さらに**少子高齢化**が進み，労働力や税収の減少，社会保障制度の動揺が懸念されます。**自然災害が多発**し，地球温暖化への対応が緊急の課題ですが，**2011年の東日本大震災にともなう原子力発電所の事故**以来，エネルギーにおける原子力や化石燃料からの脱却が模索されています。また，中国の軍事的・経済的台頭*2，北朝鮮の核開発や日本人拉致問題，中国・韓国との歴史認識や領土をめぐる問題，ロシアとの北方領土問題など，周辺諸国との外交上の課題も多く残されています。

日本にも世界にも課題が多すぎて，どのような行動を起こせばよいのかわかりません。

2015年の国連サミットで採択された「持続可能な開発目標（SDGs）」を手がかりにするとよいでしょう。貧困問題・環境問題・ジェンダー問題などに関わる17の国際目標です。このなかで関心のあるテーマについて，詳しく調べたり，自分に何ができるのか考えたりしてみてください。

*1 2001年9月11日，ハイジャックされた旅客機がアメリカの世界貿易センタービルなどに突入し，多数の犠牲者が出た事件。当時のアメリカ大統領ブッシュ（子）は，イスラーム急進派組織アル＝カーイダによるテロと断定し，アフガニスタンなどを攻撃した。
*2 中国は，2010年に日本を抜いてGDP（国内総生産）世界第2位となった。南シナ海での実効支配を進めるなど周辺諸国との間に摩擦を起こし，台湾との緊張も高まっている。

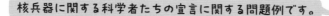

実際の共通テスト問題を見てみよう

核兵器に関する科学者たちの宣言に関する問題例です。

（2022年試作問題『歴史総合，日本史探究』〈改〉）

問 南洋諸島の一つであるマーシャル諸島では，第二次世界大戦後にアメリカ合衆国によって水爆実験が行われた。佐藤さんの班は，この実験をきっかけに科学者たちによって1955年に発表された「ラッセル＝アインシュタイン宣言」にも興味を持った。その一部である**資料**から読み取れる事柄**あ〜え**について，正しいものの組合せを，後の①〜④のうちから一つ選べ。

資料

> そのような爆弾が地上近く，あるいは水中で爆発すれば，放射能を帯びた粒子が上空へ吹き上げられます。これらの粒子は死の灰や雨といった形で次第に落下し，地表に達します。❶ 日本の漁船員と彼らの漁獲物を汚染したのは，この灰でした。（中略）
>
> ❷ 軍備の全般的削減の一環として核兵器を放棄するという合意は，最終的な解決に結び付くわけではありませんが，一定の重要な目的には役立つでしょう。
>
> 第一に，緊張の緩和を目指すものであるならば何であれ，東西間の合意は有益です。第二に，❸ 核兵器の廃棄は，相手がそれを誠実に履行していると各々の陣営が信じるならば，❹ 真珠湾式の奇襲 の恐怖を減じるでしょう。（中略）それゆえに私たちは，あくまで最初の一歩としてではありますが，そのような合意を歓迎します。

あ 核の平和利用を推進していこうとする姿勢が読み取れる。

い 核兵器の放棄という合意が，軍備の全般的削減に役立つと考えていることが読み取れる。

う 第二次世界大戦の経験を基に，対立する相手陣営側の核兵器の廃棄を一方的に先行させようとする姿勢が読み取れる。

え 第五福竜丸の被曝を，事例として取り上げていることが読み取れる。

① あ・う　② あ・え　③ い・う　④ い・え

科学者の文章って，むずかしいなぁ……。

資料を読む問題はよく出題されます。

資料などの文章が長いと，どこに何が書いてあるかわからなくなってしまい，うまく解けません。

選択肢の内容に対応する資料の箇所を特定し，その前後を読み解いていけば，正解できますよ。

　水爆実験をきっかけに科学者たちが発表した「ラッセル＝アインシュタイン宣言」の一部から読み取れる事柄**あ〜え**について，正しいものの組合せを答える問題です。

　資料の文章などを読み解く問題は，選択肢の文のキーワードに注目すると解きやすくなります。

　まず，**あ**のキーワードは，「核の平和利用」です。しかし，資料の文章に「核の平和利用」という語句や類似の表現は出てきません。**あ**のような内容には言及されていないと考えられます。

　では，**い**を見ましょう。**い**のキーワードは「核兵器の放棄」「軍備の全般的削減」です。資料の文章でこれらの語句をさがすと，5行目に「軍備の全般的削減の一環として核兵器を放棄するという合意は」とあります。続いて「一定の重要な目的には役立つ」とあり，**い**の文の内容と一致していることが判断できます。

次に，**う**のキーワードは「第二次世界大戦の経験[8]」「核兵器の廃棄[9]」です。資料では8〜9行目に「核兵器の廃棄は……真珠湾式の奇襲の恐怖を減じるでしょう」とあります。「第二次世界大戦」に関連するのは「真珠湾式の奇襲[4]」，すなわち日本軍の真珠湾攻撃のことで，これを機に第二次世界大戦の一環として太平洋戦争が勃発しました。ただし「核兵器の廃棄」について資料には，「核兵器の廃棄は，相手がそれを誠実に履行していると各々の陣営が信じるならば[3]」とあり，**う**の「一方的に先行させようとする[10]」という内容とは合っていません。よって，**う**は誤りと考えます。

では，**え**はどうでしょうか。**え**のキーワードは「第五福竜丸の被曝[11]」です。これは，アメリカが太平洋のビキニ環礁で行った水爆実験によって，日本漁船の第五福竜丸が被曝して死傷者が出た事件を指しています。資料では3行目に「日本の漁船員と彼らの漁獲物を汚染したのは，この灰[1]」とあり，「この灰」とは1〜3行目から「放射能を帯びた粒子」の落下物である「死の灰」のことです。この内容は，第五福竜丸事件の史実と合致していることから，**え**は正しいと判断できます。

したがって，**い**と**え**が正しいと判断でき，正解は④となります。

> このような問題は，選択肢の文のなかから内容理解の鍵となるキーワードを抽出し，資料の文章に該当する内容があるかどうか読み解いていくとよいでしょう。

実際の共通テスト問題を見てみよう

東西冷戦時代に起きた戦争に関する問題例です。

（2021年『歴史総合』サンプル問題〈改〉）

「歴史総合」の授業で、「東西冷戦とはどのような対立だったのか」という問いについて、資料を基に追究した。次の授業中の会話文を読み、後の問いに答えよ。

先生：冷戦の時代が始まった当時、日本は連合国軍総司令部（GHQ）による占領統治下にありました。占領下の政策方針は、国際情勢の変動に合わせて変化していったのです。

豊田：気になることがあります。「冷戦」とは、実際には戦争が起こらなかったことを意味していると思いますが、⒜東西冷戦の時代には、実際の戦争は起こらなかったのですか。

先生：資料を見てください。戦争が起こらなかったのはヨーロッパだけのことであって、世界中では、冷戦の影響の下で多くの戦争が起こりました。また、東西両陣営は、軍事力だけでなく経済面においても、他方に対する優位を確保しようと競い合ったのですよ。あなたたちが生まれたのは、この長い対立が終わって十数年後のことですね。

資料 第二次世界大戦以後に国家が関与した武力紛争による地域別の死者数

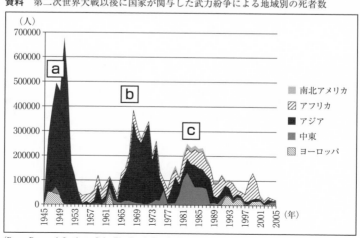

（Peace Research Institute Oslo, The Battle Deaths Dataset version 2.0, Yearly Total Battle Deaths より作成）

問 下線部ⓐの疑問を持った豊田さんは，先生が示した**資料**を基に追究し，分かったことを次の**メモ**にまとめた。**メモ**中の空欄 ア に入れる語句あ～うと，空欄 イ に入れる文**X・Y**との組合せとして正しいものを，後の①～⑥のうちから一つ選べ。

メモ

> **資料**中， ア における死者数の多くは，ある地域の紛争に対し，アメリカ合衆国が北爆によって本格的な軍事介入を始めた戦争によるものと思われる。この戦争で，米ソは直接衝突していない。また，この戦争は日本にも影響を及ぼし， イ 。

 ア **に入れる語句**

　あ　ａの時期のアジア　　　**い**　ｂの時期のアジア　　　**う**　ｃの時期の中東

 イ **に入れる文**

　X　国内でこの戦争に反対する運動が広がる一方，米軍基地の継続使用を条件として，沖縄の施政権がアメリカ合衆国から返還された

　Y　国際貢献に対する国内外の議論の高まりを受けて，国連平和維持活動等協力法（PKO協力法）が成立した

　① ア―あ イ―X 　② ア―あ イ―Y 　③ ア―い イ―X
　④ ア―い イ―Y 　⑤ ア―う イ―X 　⑥ ア―う イ―Y

文を選ぶ問題もあるのですね。

2択なので，まずは考えてみましょう。

グラフから時期や出来事を考える問題は苦手です……。

この問題はグラフ問題に見えますが，むずかしいグラフの読み取りは求められていません。むしろ，第二次世界大戦後にアメリカが関わった主要な戦争や，その戦争と日本との関連を考えていきましょう。

「アメリカ合衆国が北爆によって本格的な軍事介入を始めた戦争」の時期を資料から選び，また，その戦争が日本に及ぼした影響にあてはまる文を選び，その組合せを答える問題です。

まず，　ア　に入れる語句について考えましょう。

　「アメリカ合衆国が北爆によって本格的な軍事介入を始めた戦争」とは，「北爆」という語からベトナム戦争であると判断します。「北爆」とは北ベトナム爆撃のことで，アメリカが1960年代半ば（1965年）に開始し，これによりベトナム戦争が本格化しました。しかし，戦争が長期化し，世界的な反戦運動が高揚するなか，アメリカ軍は1970年代前半（1973年）にベトナムから撤退します。このようにベトナム戦争はアジアでの戦争です。よって，ベトナム戦争による死者数が反映されているのは，**い**の「bの時期のアジア」と判断できます。

　では，　イ　に入れる文，すなわちベトナム戦争が日本に及ぼした影響について見ていきましょう。

　Xでは，沖縄の日本への返還について述べられています。**沖縄返還は1972年**で，**b**の時期にあたります。2022年が沖縄返還50周年であることをニュースなどで見聞きした人もいるでしょう。

　ベトナム戦争では，沖縄の基地からアメリカ軍の爆撃機などがベトナムへ出撃したため，日本でも反戦運動が起こり，沖縄の本土復帰を求める運動が激しさを増しました。そのため，アメリカは沖縄の施政権を日本に返還することを決める一方，ベトナム戦争が継続中であったことから「**❷米軍基地の継続使用を条件**」にしたという経緯があります。

　以上のことから，**Xはベトナム戦争が日本に与えた影響と判断できます。**

　Yの文も確認しましょう。

　「国連平和維持活動等協力法（PKO協力法）」が成立したのは，1991年に勃発した湾岸戦争の影響です。このときの日本の「**❸国際貢献に対する国内外の議論の高まりを受けて**」1992年に成立しました。1989年の冷戦終結後に地域紛争が増え，日本も国際貢献を求められるようになったという背景があります。

　よって，**Y**はあてはまりません。

　したがって，解答は**③ア―い　イ―X**となります。

> 歴史総合のこのような問題に対応できるように，世界の出来事と日本との関わりを意識して学習するようにしましょう。

第 III 部

世界史探究の流れと枠組み

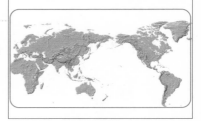

第1章 オリエント・地中海世界

キーワード 古代 文明 国家 宗教

Q 01 世界史でいう古代とはどういう時代ですか？

A
- 文明が生まれ，国家が出現した時代。
- 国家の支配と宗教・思想が結びつく。
- 各地域の歴史的特質の形成が始まる。

　古代とは，原始に続く時代で，**文明**が生まれた時代です。**灌漑農業**[*1]が行われて農業生産力が向上すると，増加する人々の居住の場や余剰生産物の**交易**の拠点として**都市**が形成されました。戦士・神官や商人・職人など**様々な職業が現れて分業が進み**，貧富の差も生じて**身分や階級が成立**しました。**強大な権力をもつ者が王**として君臨し，**国家**の仕組みが整えられていきます。

　初期の国家は，都市が周辺の集落も支配した**都市国家**で，やがて中央集権的な領域国家が登場します。**青銅器**などの金属器や**文字**も発明されました。こうして，ティグリス・ユーフラテス川，ナイル川，インダス川，黄河・長江をはじめとする**大河の流域を中心に古代文明が成立**したのです。

　大河の流域以外で成立した古代文明には，どのようなものがあるのですか。

　中南米の先住民の文明は，高地や高山に築かれた農耕文明でした。また，中央ユーラシアの草原地帯では，農耕ではなく遊牧と狩猟を基盤とした遊牧国家が成立しています。

古代国家のなかには，**広大な領域を支配する古代帝国**[*2]**に発展**したものもあります。アケメネス朝〔→P.125〕，ローマ帝国〔→P.131〕，マウリヤ朝〔→P.132〕，秦・漢（しん・かん）〔→P.142〕などです。

中国史では，いつまでが古代帝国の時代なのですか。

秦・漢（すい・とう）まで，あるいは隋・唐までなど様々な説があります。すべての地域の歴史が同じように展開したわけではないので，時代の区分が困難なことも多いのです〔→P.40〕。

多くの古代国家では，宗教や思想を利用して支配体制の正当化がはかられました。古代のエジプトやメソポタミア，中国の殷（いん）などでは，神の権威を借りた**神権政治**（しんけん）が行われました〔→P.124，140〕。ローマ帝国では，多神教の国家祭儀や皇帝崇拝儀礼（すうはい）が行われていましたが，キリスト教徒の勢力が増すと，**キリスト教**を公認し，さらには国教化しました〔→P.131〕。中国では，漢代に**儒学**（じゅがく）**（儒教）**（じゅきょう）[*3]が統治の基本理念とされています〔→P.143〕。

現在まで大きな影響力をもつキリスト教や儒教が，すでに古代に生まれているのですね。

そうですね。現在インドで浸透しているヒンドゥー教や，東アジア・東南アジアで広く信仰されている仏教も，同様に古代におこっています。

世界の諸地域は，以上のような共通する時代の特徴をもちつつも，それぞれの自然環境にも適応した国家・社会・経済・文化を生み出し，**独自の歴史的特質を形成していく**ことになるのです。

*1　農作物の生育に必要な水を人工的に耕地に供給して行う農業。
*2　本来は皇帝が支配する国を帝国と呼ぶが，皇帝支配の国でなくても広大な領域を支配したり，強大な軍事力・経済力で他国を圧倒したりする国などを帝国と表現することもある。
*3　儒家〔→P.142〕の学問を儒学，儒家の教説に基づく思想を儒教と区別することがある。

第1章 オリエント・地中海世界

キーワード シュメール人 エジプト

神権政治 アッシリア王国 アケメネス朝

Q02 古代オリエント世界ではどのような政治が行われたのですか？

A

- シュメール人の都市国家やエジプトなどで、神権政治(しんけん)が展開される。
- アッシリア王国やアケメネス朝がオリエントを統一する大帝国を建設し、中央集権的に支配。

オリエントとは、ティグリス川・ユーフラテス川流域のメソポタミアと、ナイル川流域のエジプトを中心に、その周辺のアナトリア（小アジア）・イラン高原・シリアなどを含む地域を指します。とくにメソポタミアとエジプトでは、大河を利用した灌漑農業(かんがい)→P.122が営まれて人口が急増し、早くに高度な文明が成立しました。治水・灌漑(ちすい)には強力な指導者が必要とされたため、オリエントでは、神の権威を借りて人々を支配する(けんい)神権政治が行われ、やがて強大な王権による専制的な国家が現れました。

メソポタミア南部では、**前3000年頃からシュメール人が都市国家を建設**し、神権政治を行っていましたが、前24世紀に**アッカド人が征服してメソポタミアに最初の統一国家**を築きました。その崩壊後は、**アムル人がバビロン第1王朝を建て**、前18世紀頃に**全メソポタ**

▲オリエント

ミアを支配しました。アナトリアから進出した**ヒッタイト人**[*1]がバビロン第1王朝を滅ぼすと，メソポタミアは**カッシート人**や**ミタンニ王国**が支配しました。

エジプトでは，**前3000年頃に統一国家が成立**しました。絶大な権力をもつ**ファラオ（王）**による神権政治のもとで，比較的安定した時代が長く続き，なかでも**古王国・中王国・新王国**の時代に繁栄しました。

 メソポタミアとエジプトの文明には，共通する特徴が見られる一方で，統一国家が出現する時期は，メソポタミアの方がずいぶん遅いのですね。

メソポタミアは，エジプトに比べて地形が開けていたので，周辺民族が侵入しやすく，安定した長期の統一国家を築くことが困難で，国家の興亡も激しかったのです。

オリエントの統一は，前7世紀に**アッシリア王国**によって初めて実現しました。アッシリアは，国内を州に分けて各州に総督を置いて広大な領域を集権的に支配しましたが，圧政や重税が服属民の反抗を招き，まもなく滅亡しました。その後オリエントは，**エジプト・リディア（リュディア）・新バビロニア（カルデア）・メディアの4王国分立の時代**を経て，前6世紀に**アケメネス（アカイメネス）朝**によって再統一され，最盛期には**エーゲ海からインダス川に至る大帝国**となりました。アケメネス朝は，全土を20あまりの州に分けて各州に**知事（サトラップ）**を置くなど中央集権化を進める一方，**服属した異民族に寛容な統治**を行い，前4世紀まで存続しました。

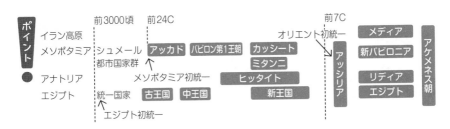

*1　前17世紀にアナトリアに建国した民族。バビロン第1王朝を滅ぼし，シリアに進出してエジプト新王国と争った。早くから鉄器を使用したことでも知られる。

第1章 ＜ オリエント・地中海世界

キーワード （ポリス）（重装歩兵）（民主政）

（アテネ）

Q03 ギリシア世界がのちのヨーロッパに与えた影響は何ですか？

A

- アテネで典型的に発達した民主政の影響により，近代ヨーロッパの民主主義の考え。
- ギリシア文化の人間中心的・合理的精神の影響により，ルネサンスや近代の科学的態度など。

前8世紀頃からギリシア人は，ギリシア本土を中心に各地で**アクロポリス**と呼ばれる城山（しろやま）を拠点に**集住（しゅうじゅう）（シノイキスモス）**して，数多くの**都市国家を建設**しました。この古代ギリシアの都市国家が**ポリス**です。さらに，ポリスの人口が増加すると，**地中海や黒海の沿岸に多くの植民市（しょくみんし）を建設**し，交易活動を活発化させました。なお，ギリシア人は，この交流のなかで伝わったフェニキア文字を改良して**アルファベット**を生み出しています。

このように，地中海世界に植民市を含め大小様々なポリスが成立しましたが，ギリシア人は同一民族としての意識を維持しつつも，各ポリスが統一国家としてまとまることはありませんでした。

ポリスも都市国家なのですね。オリエントのところで学んだシュメール人の都市国家と異なる点は何ですか。

たとえば，シュメール人の都市国家では，専制的な王による神権（しんけん）政治が行われ，職業の分化によって戦士階級が形成されていましたが，ギリシアのポリスでは，市民がみずから国防を担い，対等な立場で政治に参加するのが原則でした。

当初，多くのポリスでは，貴族が政治を独占していました。しかし，交易活動や商工業の発達を背景に，**富裕な平民が現れ，武器を自費で購入して重装歩兵**(じゅうそうほへい)**として軍隊の主力となると，貴族に対して政治参加を要求し，民主政が発達**することになりました。

なかでも**アテネ**では，様々な改革を経て民主政の基礎が築かれていきました。そして，財産を持たず自費で武装できない**無産市民（下層市民）が，前5世紀のペルシア戦争**[*1]**で軍船の漕ぎ手として活躍し，政治参加を果たした結果，民主政が完成**したのです。この民主政は，現代の民主政とは異なる点があるものの，近代ヨーロッパの民主主義（デモクラシー）の考えに大きな影響を与えました。

> **ひとこと**
>
> ### 民主政と共和政
>
> 民主政は，すべての人民が平等な立場で主体的に参加する政治形態です。君主が存在していても，人民が政治の主体であれば民主政が成り立ちます。一方，共和政は，1人の君主ではなく複数の人々が主体となる政治形態です。たとえば，少数の貴族が独占する政治も共和政といえるので，共和政が必ずしも民主政を意味するわけではありません。

アテネの民主政は，現代の民主政とどのような違いがあるのですか。

アテネの民主政は，現代の国政のような代議制ではなく，すべての成年男性市民が参加する民会(みんかい)を中心とした直接民主政(どれい)でした。また奴隷制が存在し，奴隷や女性には参政権がありませんでした。

文化面でも，**ギリシアの人間中心的で合理的な精神**は，ルネサンス（→P.180）をはじめ後世のヨーロッパでしばしば理想とされました。**自然現象を合理的に説明しようとする**自然哲学は，近代の科学的態度へもつながり，また**アリストテレスの学問体系は，イスラーム世界の学問や中世ヨーロッパのスコラ学**[*2]**などに多大な影響**を及ぼしました。

*1　前500～前449年。アケメネス朝とギリシア諸ポリスとの戦争で，ギリシア側が勝利した。
*2　キリスト教の信仰を論理的に体系化しようとする中世西ヨーロッパの学問。

第1章 ＜ オリエント・地中海世界

キーワード ヘレニズム アレクサンドロス大王

東方遠征 世界市民主義 ストア派

Q 04 ヘレニズム時代の特徴は何ですか？

A

- ■ ギリシアとオリエントの要素が融合した時代。コイネー（共通語）の使用や世界市民主義の思想が登場した。
- ■ 文化では、ストア派などの哲学や自然科学が発達。後世や他地域に多大な影響を与えた。

前5世紀後半の**ペロポネソス戦争**[*1]以降，ギリシアではポリス間の抗争が絶え間なく続くようになりました。**長期の戦争で没落する市民も多く，貧富の差が広がって，ポリス世界は衰退**していきました。

ポリスでは，ポリスを自衛する全市民によって政治が行われていましたよね→P.127。その市民が没落すれば，政治も軍事も弱体化するわけですね。

そのとおりです。戦争では，没落した市民に代わって，金銭で雇われた傭兵が使用されるようになりました。それにより，戦士としてのポリス市民団の結束も失われたのです。

ポリス世界が混乱するなか，その北方で強国化していた**マケドニアのフィリッポス2世**は，前4世紀後半，**カイロネイアの戦い**でアテネなどを破り，**コリントス同盟（ヘラス同盟）**を結成して諸ポリスを支配下に置きました。フィリッポス2世を継いだ**アレクサンドロス大王**は，マケドニア・ギリシア連合軍を率いて，アケメネス朝を打倒するための東方遠征を行いました。

大王は，アケメネス朝を滅亡に追い込んだ後も遠征を続け，**ギリシア・エジプトから中央アジア・インダス川に及ぶ大帝国**を築きました。しかし，大王が急死すると，その部下たちが**ディアドコイ（後継者）**を称して抗争し，やがて帝国は**アンティゴノス朝マケドニア，セレウコス朝シリア，プトレマイオス朝エジプト**などの諸国に分裂しました。**東方遠征からプトレマイオス朝の滅亡（前30年）までの約300年間が，ヘレニズム時代**です。

この時代，オリエント各地に多くのギリシア人が移住し，**コイネー**と呼ばれる**ギリシア語が共通語**となり，ギリシア文化が広まりました。その結果，**ギリシア文化とオリエント文化が融合した**ヘレニズム文化が生まれました。

ポリス政治が崩れたことで，国家や民族の枠を越えた**世界市民主義（コスモポリタニズム）**の思想が現れるとともに，人々の関心が政治から個人の内面に向かいました。哲学では，個人の内面的幸福が追求され，なかでも**禁欲による心の平穏を説く**ストア派は，後のローマでも流行しました。

自然科学が高度に発達したのも，この時代の特徴です。**エウクレイデス（ユークリッド）**が大成した平面幾何学や，**アルキメデス**が発見した浮体の原理などは，現在の私たちにも数学や物理の学習で身近な存在ですね。また，躍動感や感情の表現にすぐれたヘレニズム美術の様式も，西アジアだけでなく，インド・中国・日本にまで影響を与えました。

インドでは，ヘレニズム美術の影響を受けて，彫りの深い顔立ちなどギリシア的な風貌の仏像がつくられたと聞いたことがあります。

はい，ガンダーラ美術のことです。インドでは，それまで仏像は制作されませんでした。人間と同じ姿かたちをした神の像をつくり崇拝すること自体が，ギリシアの人間中心的→P.127な宗教観の影響といえます。

*1　アテネ中心のデロス同盟とスパルタ中心のペロポネソス同盟の戦争で，全ギリシアを二分する大戦争となり，最終的にスパルタが勝利した。

BC1000 BC500 1 500 1000 1500 2000

第1章 オリエント・地中海世界

キーワード ローマ 共和政 元老院

ポエニ戦争 ローマ市民権

Q05 ギリシア世界とローマ世界の違いは何ですか？

A

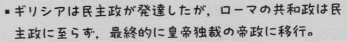

- ギリシアは民主政が発達したが，ローマの共和政は民主政に至らず，最終的に皇帝独裁の帝政に移行。
- ギリシアのポリスは統一されなかったが，ローマは地中海世界を統一する大帝国に発展。
- ギリシアは独創的文化，ローマは実用的文化が特徴。

　前8世紀，イタリア半島中部に**ラテン人の一派が都市国家ローマ**を建設しました。ローマは，先住民の**エトルリア人**の王の支配を受けていましたが，前6世紀にその王を追放して**共和政** →P.127 を開始しました。それは，**貴族（パトリキ）が政治を独占**する共和政でした。すなわち，**最高官職のコンスル（執政官）**は貴族から選ばれ，**貴族からなる元老院が実質的な最高決定機関**として支配権を握っていたのです。

　しかし，**中小農民を主体とする平民（プレブス）が重装歩兵として国防で活躍すると，政治的権利を要求して貴族と闘争**し，徐々に地位を高めていきました。前4世紀の**リキニウス・セクスティウス法**でコンスル職が平民にも開放され，前3世紀に**ホルテンシウス法が制定された結果，平民と貴族は法律上平等**になりました。ただ，この過程で台頭した**一部の上層平民が従来の貴族とともに新貴族（ノビレス）となって政治の独占を続けた**ため，アテネのように民主政の実現 →P.127 には至りませんでした。

ギリシアもローマも，平民が重装歩兵として活躍して台頭した点は同じですが，ローマでは少数の人々が政権を握り続けた点が，ギリシアと異なりますね。

アテネには，独裁的な権力者の出現を防止する陶片追放（オストラキスモス）の制度がありましたが，ローマでは，元老院が強大な権威を維持したうえ，非常時には独裁官（ディクタトル）が独裁権を行使できました。

前3世紀にイタリア半島を統一したローマは，北アフリカの**カルタゴ**を**ポエニ戦争**で滅ぼして**西地中海を制圧**し，さらに東地中海にも進出しました。長期の征服戦争で，イタリア半島外の征服地（**属州**）は拡大し，富を蓄える者が現れる一方，長年の従軍で**重装歩兵の担い手である中小農民は没落**しました。この国防の危機のなか，有力者が私兵を率いて抗争する内乱の時代に突入し，前1世紀には，3人の有力な政治家が政権を独占する**三頭政治**を経て，1人の皇帝が独裁的に支配する**帝政ローマ（ローマ帝国）**が始まったのです。同時に，ローマによる地中海世界の統一も果たされました。

ギリシアの諸ポリスは統一されなかったのに，ローマが大帝国に発展したのはなぜですか。

理由の一つは，ローマが市民権拡大に積極的だったからです。3世紀には帝国内の全自由民[*1]にローマ市民権を与えました。ギリシアのポリスは，市民権の拡大に消極的でした。

ローマは，ギリシアやヘレニズム諸王朝を征服しましたが，文化的にはその影響を強く受け，文学・哲学など独創的分野はギリシア・ヘレニズムを超えられませんでした。逆に**ローマ文化の特徴は，土木・建築技術や法律など大帝国支配のための実用的文化が発達**したことです。宗教については，ギリシアもローマも多神教が信仰されましたが，**ローマでは帝政期に唯一絶対神を信仰するキリスト教**が生まれ，**4世紀に国教**となりました。

*1　自由民とは，奴隷身分ではない人々のこと。

第2章　南アジア・東南アジア世界

キーワード　ヴァルナ制　バラモン教　仏教
ヒンドゥー教　サンスクリット語

Q06　古代インドで形成された社会や文化の特徴は何ですか？

A

■アーリヤ人が形成した社会秩序が基盤。各王朝で仏教が保護されたが，グプタ朝以降は，バラモン教から発展したヒンドゥー教が定着。

■ヒンドゥー教やサンスクリット語など，今日に至るインド世界の原型が築かれる。

　前1500年頃，**アーリヤ人**が中央アジアから西北インドの**パンジャーブ**地方に移住を始め，**ヴェーダ**と総称される宗教的文献を編纂していきました。前1000年頃からはガンジス川流域に進出し，その過程で，**バラモン（司祭）**を頂点に**クシャトリヤ（王侯・戦士），ヴァイシャ（庶民），シュードラ（隷属民）**の４身分からなる身分階層の**ヴァルナ制**が形成されました。バラモンがヴェーダを聖典としてつかさどる宗教が**バラモン教**です。

　前６世紀頃のガンジス川中・下流域で，多数の都市国家が成長し，社会や経済が発展すると，バラモン教への批判が高まり，新しい思想や宗教が生まれました。なかでも，**ガウタマ＝シッダールタを開祖とする仏教は，ヴェーダの権威やヴァルナ制を否定**したため，バラモンの支配に不満をもつクシャトリヤやヴァイシャの支持を得てインド全域に広まりました。

　やがてインド最初の統一王朝である**マウリヤ朝**が成立し，前３世紀には最

盛期の**アショーカ王**が深く仏教に帰依して、守るべき社会倫理（ダルマ）に基づく統治を目指しました。また、仏典の編纂やスリランカ（セイロン島）への布教を援助しました。**紀元前後には、従来の上座部仏教に対して大乗仏教がおこり**、2世紀には**クシャーナ朝**最盛期の**カニシカ王**が仏教を厚く保護しました。

ひとこと

上座部仏教と大乗仏教

上座部仏教は、初期の仏教教団がいくつかの部派に分かれたうちの一派で、出家者個人の悟りを重視しました。これを利己的と批判して小乗仏教と呼んでさげすんだのが大乗仏教でした。大乗仏教は、出家・在家にかかわらず、すべての者の救済を重視し、それが菩薩信仰によって可能であると説いたのです。

その後の**グプタ朝**や**ヴァルダナ朝**でも、仏教は王朝によって保護され、栄えました。一方で、グプタ朝期には、バラモンが再び重んじられて、バラモンの言葉である**サンスクリット語**の文学が隆盛するとともに、**バラモン教に民間信仰を取り込みながら形成された多神教のヒンドゥー教が定着**していきました。それにともなって、各ヴァルナの規範を定めた『**マヌ法典**』も影響力をもつようになりました。このように、**古代インドの諸王朝の時代には、ヒンドゥー教やサンスクリット語など今日に至るインド世界の原型が築かれた**のです。

なお、仏教は、インドでは衰退していきましたが、東西交易路を通じて伝わった中央アジア・東アジア・東南アジアの諸地域では、国家・社会・文化の形成に大きく関わり、重要な役割を果たしました。

インドでは、なぜ仏教が衰退したのでしょうか。

ヒンドゥー教から攻撃を受けたことも一因ですが、仏教の主な支持者は王侯や商人だったので、王朝や商業の衰退にともなって、その保護を失ったと考えられます。

BC1000　BC500　500　1000　1500　2000

第2章 南アジア・東南アジア世界

キーワード 「海の道」 港市国家

ムスリム商人 マラッカ王国 香辛料

Q 07 東南アジアで成立した国家の特徴は何ですか？

A
- 「海の道」の中継地として、多くは交易で発展。
- 初期には、ヒンドゥー教・大乗仏教などインド文化の影響を受ける。やがて、大陸部（ベトナム北部をのぞく）では上座部仏教、諸島部ではイスラーム教が主流。

▲2〜3世紀の東南アジア

1〜2世紀のユーラシアでは、西はローマ帝国、東は中国の後漢が繁栄し、両国を結ぶ陸上・海上の東西交易路が確立していきました。**東南アジアは、海上交易ルート（「海の道」）の重要な中継地**となり、インドシナ半島を中心とする大陸部では、メコン川下流域に**扶南**、ベトナム中部に**チャンパー**といった**港市国家**が成立しました。港市国家とは、**交易を基盤として港を中心に建国・成長し**た国家です。4〜5世紀頃からは、インドとの活発な往来を背景に、東南アジアの広域で、**ヒンドゥー教や仏教（大乗仏教）、サンスクリット語などのインド文化の受容**がさかんになりました。

7世紀に中国で唐が成立し、8世紀にイスラーム世界でアッバース朝が成立すると、東西交易は著しく発展しました。「海の道」では、**ムスリム商人（イスラーム教徒の商人）がマラッカ海峡を経由して中国との間をさかんに往来**

したので，スマトラ島中心の**シュリーヴィ
ジャヤ**やジャワ島の**シャイレンドラ朝**など
諸島部（島嶼部（とうしょ））の国々が繁栄しました。
シュリーヴィジャヤとシャイレンドラ朝
は，**大乗仏教が隆盛**したことでも知られま
す。

▲ 7～8世紀の東南アジア（諸島部）

11世紀，ベトナム北部では最初の長期政
権の**李朝（り）（大越（だいえつ））**が成立し，エーヤワディー（イラワディ）川流域ではビルマ
（ミャンマー）人が**パガン朝**を建国しました。13世紀にはチャオプラヤ川流
域にタイ人の王朝がおこりました。また，**ビルマやタイを中心に上座部仏教**
が広まりました。こうして大陸部では，現在につながる国家や宗教の枠組み（わくぐ）
が形成されたのです。諸島部でも，ムスリム商人などの影響で，徐々に**現在
のようにイスラーム教が主流**になっていきました。

15世紀にマレー半島の**マラッカ王国**は，中国の**明（みん）と結びつきを強める**
→ P.154一方，**イスラーム教に改宗してインド洋のムスリム商人を集め，中継
交易で台頭しました。繁栄するアジア交易に，15世紀末以降はヨーロッパ
人が香辛料（こうしんりょう）などを求めて直接参入**するようになり，16世紀には東南アジアの
多くの国が交易の利益で発展しました。しかし，交易をめぐる競争が激化す
るにつれ，特産品や軍事力に劣る小国は，勢いを失っていきました。

東南アジアの歴史は，インドや中国，イスラーム世界など周
辺地域の影響を大きく受けているのですね。

東西の世界の結節点ですからね。東南アジア史を学習する
ときは，地域ごとのタテの流れだけでなく，同時代の他の
地域とのヨコのつながりにも注目することがポイントです。

実際の共通テスト問題を見てみよう

古代ギリシアの出来事や人物の年代に関する問題例です。

（2023 年 共通テスト 世界史 B〈改〉）

あるクラスで, 資料を用いた古代ギリシアについての授業が行われている。（引用文には, 省略したり, 改めたりしたところがある。）

先生：陸上競技のマラソンという種目名が, マラトンの戦いに由来しているという話を聞いたことがある人もいるかもしれません。その話を伝えている次の**資料1・2**を読んで, 何か気付いたことはありますか。

資料1

> ヘラクレイデスは, テルシッポスがマラトンの戦いについて知らせに戻ったと記している。しかし, 今の多くの人々は, 戦場から走ってきたのはエウクレスだと言っている。エウクレスは到着してすぐ,「喜べ, 私たちが勝利した」とだけ言って, 息絶えた。

資料2

> 言われているところでは, 長距離走者のフィリッピデスがマラトンから走ってきて, 勝敗についての知らせを待っていた役人に,「喜べ, 私たちが勝利した」と言った後, 息絶えた。

松山：**資料1**と**資料2**では, 使者の名前が違っています。なぜでしょうか。

先生：明確な理由は分かりませんが, 資料が書かれた時代が手掛かりになります。**❶資料1を書いたのは『対比列伝』を著した人物**で, **資料2**は別の文人によるものです。**❷二人とも, 五賢帝の時代を中心に活躍**しました。

松山：**資料1**と**資料2**は, いずれもマラトンの戦いからかなり後になって書かれたので, 正確な情報が伝わっていなかったのかもしれませんね。

先生：その可能性はあるでしょう。ただし，**資料1**で紹介されているヘラクレイデ
スは③アリストテレスの下で学んでいた人物だと言われています。

松山：ということは，| ア | ことになりますね。④マラトンの戦いに時代が近い人物
が信頼できるとしたら，使者の名前は | イ | というのが，この中では一番あり
得そうだと思います。

先生：その考え方は，筋が通っていますね。

問 文章中の空欄 | ア | に入れる語句**あ・い**と，空欄 | イ | に入れる人物の名**X**
～**Z**との組合せとして正しいものを，後の①～⑥のうちから一つ選べ。

| ア | に入れる語句
あ **資料1・2**の著者は二人とも，ヘラクレイデスよりもマラトンの戦いに近い
時代に生きていた
い ヘラクレイデスは，**資料1・2**の著者たちよりもマラトンの戦いに近い時代
に生きていた

| イ | に入れる人物の名
X エウクレス　　**Y** テルシッポス　　**Z** フィリッピデス

① あ ― X　　② あ ― Y　　③ あ ― Z
④ い ― X　　⑤ い ― Y　　⑥ い ― Z

似たような名前
が多く出てきて
混乱します……。

問題文中に
ヒントがたくさん
隠れていますよ！

古代ギリシアに限らず,時代を問われる問題は苦手です。年号がなかなか覚えられません……。

細かな年号を知らなくても,基本的な知識で解ける問題が多いですよ。

　ペルシア戦争中のマラトンの戦いの勝利を伝える使者についての資料と会話文を読み,空欄にあてはまる語句と人物名を選択し,その組合せを答える問題です。資料の著者や人物の時代について問われています。

　　　ア　に入れる語句について考えましょう。

　あ・いでは,**資料1・2**の著者とヘラクレイデスを比較し,どちらがマラトンの戦いに近い時代に生きていたかが問われています。両者の時代を特定していきましょう。

　問題文中にヒントがあります。

　まず,**資料1・2**の著者については,「**資料1**を書いたのは『対比列伝』を著した人物」「二人とも,五賢帝の時代を中心に活躍」とあります。

　『対比列伝』は『英雄伝』とも呼ばれ,ギリシアとローマの英雄を比較して論じたプルタルコスの著作です。プルタルコスは,前1世紀に始まる帝政ローマ（ローマ帝国）時代の人物ですが,文化人の時代まで覚えるのはむずかしいですね。そこで,「二人とも,五賢帝の時代を中心に活躍」という部分が重要な手がかりになります。

　五賢帝は,ローマ帝国の最盛期を実現した5人の皇帝で,1世紀末から2世紀にあたります。

　次にヘラクレイデスについては,「アリストテレスの下で学んでいた人物」とあります。アリストテレスは,前4世紀の古代ギリシアの哲学者です。や

や細かいですが，マケドニアのアレクサンドロス大王の教育係であったことを知っていれば，時代が特定できますね。

以上のことから ア で問われている時代を古い順に並べると次のようになります。

> マラトンの戦い → ヘラクレイデス → 資料1・2の著者

したがって， ア に入れるのは**い**となります。

このように順に書き出すと，わかりやすいですね。でも，「1世紀末から2世紀」とか「前4世紀」とかまでは覚えられる自信がありません。

この場合は，五賢帝は紀元後，アリストテレスは紀元前という大まかな時代がわかれば，前後が決まります。

次に， イ に入れる人物について考えます。

問題文中の イ の前には「マラトンの戦いに時代が近い人物が信頼できる」とあります。ここから**資料1**にある**ヘラクレイデスが伝える人物が「信頼できる」**ことになり， イ には**テルシッポス，すなわちY**が入ることがわかります。

よって，正解は**⑤い — Y**となります。

> 人物や出来事の時系列を問う問題は，問題文中にヒントとなる語句があることも多いです。もっている知識を活用して大まかな年代を特定すれば，正解を導くことができます。

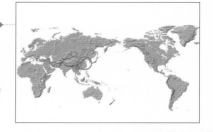

第3章 東アジア世界

キーワード 邑 殷（商） 周 封建
鉄製農具

Q08 中国で成立した初期の王朝の特徴は何ですか？

A
- 殷・周ともに邑の連合体。殷では神権政治，周では血縁関係に基づく封建による支配。
- 春秋・戦国時代になると，身分秩序や氏族制が崩れ，有力諸国による中央集権的な領域支配が進展。

　中国では，黄河と長江の2つの大河の流域を中心に古代文明がおこりました。そのうち黄河の中・下流域（華北）では，前3000年頃から，**血縁によって結びついた氏族集団が共同生活を営む集落や都市**が数多く現れました。これを邑と言い，やがて城壁に囲まれた有力な邑が周囲の邑をたばねるようになります。**現在確認できる中国最古の王朝である殷（商）**は，前16世紀頃に成立した**邑の連合体**でした。殷の王は，**神意を占って政治を行い（神権政治）**，宗教的な権威で多くの邑を従えました。占いの結果を亀甲や獣骨に記録した文字が**甲骨文字**で，漢字の原型となりました。

▼周の都

　前11世紀頃，**殷を倒した周が，新たに華北を支配する王朝**となりました。周王は，**渭水***1 流域に置かれた都の鎬京（現在の西安）周辺を直接支配するのみで，一族などを世襲の諸侯とし，邑を**封土**（領地）**として分け与えて，その土地と農民を代々支配させ**，代わりに周王に対する軍役と貢納の義務を課しました。さらに王や諸侯は，自ら

の家臣である卿・大夫・士に対しても同様に，封土を与えて土地と農民を代々支配させ，軍役と貢納の義務を課しました。この周の統治体制を封建と言い，その**主従関係は血縁関係（氏族制）に基づいて**おり，一族内の上下関係などの秩序を維持するための**宗法**が重視されました。

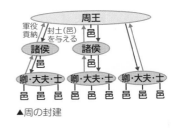

▲周の封建

殷が邑の連合体であったということは，広範囲を直接的に支配する領域国家ではないのですか。

そのとおりです。続く周も，王が諸侯などに邑を分け与えて世襲的に支配させたので，たとえば諸侯に属する邑の土地や農民には，王の支配が直接及んでいませんね。

前8世紀に，周は都を鎬京から東の洛邑に移しました。遷都以前の周を西周，以後の周を東周と言います。この時期，周王の権威は衰え，諸侯は自立の傾向を強めました。東周の前半期は**春秋時代**とも呼ばれ，**覇者（有力諸侯）が周王を尊重しながら他の諸侯を支配**しました。しかし，東周の後半期の**戦国時代**になると，諸侯は周王を無視して王を称し，**斉・楚・燕・秦・韓・魏・趙の7つの有力国（戦国の七雄）を中心に激しく争**いました。

この**春秋・戦国時代**に，**鉄製農具**が使用され，**鉄製の犂を牛にひかせる牛耕**が始まりました。これにより，農業生産力が向上して小家族単位の農業が可能となり，従来の氏族集団は解体に向かいました。**世襲の身分秩序や氏族制が崩れる**なか，富国強兵を進める戦国の諸国は，開墾を進め，農民などを直接支配して**中央集権的な領域国家の形成を進めて**いったのです。

ポイント			春秋時代	戦国時代	
	殷	周（西周）	周（東周）		秦

*1 黄河に合流する川の一つ。流域には，周の鎬京，秦→P.142の咸陽，前漢→P.143・唐→P.147の長安など中国古代の多くの王朝の都が置かれた。

BC1000 BC500 1 500 1000 1500 2000

第3章 東アジア世界

キーワード 秦 始皇帝 郡県制 漢 儒学

Q09 秦や漢の時代につくられた帝国支配の仕組みはどのようなものですか？

A
- 秦が中央集権的な郡県制を施行。前漢初期に郡国制となるが，武帝期以降は中央集権体制が確立。
- 秦では法家が採用されたが，漢代に儒学が官学となり，儒学を学んだ官僚の影響力が増大。

身分秩序と氏族制が崩れた春秋・戦国時代には，強国化に努める有力諸国が家柄にとらわれない実力本位の人材登用を行ったので，諸子百家と総称される様々な学派が登場しました。戦国の七雄の一つの秦 →P.141 は，法家の商鞅の改革によって強大化し，前3世紀の政の時代に，中国を初めて統一することになりました。

ひとこと

諸子百家

孔子を祖とする儒家は，家族倫理や礼儀の実践を重視し，道徳による政治を理想としました。これに対し，墨家は血縁関係を越えた無差別の愛（兼愛）を，法家は法による政治を，道家は人為を排した無為自然を唱えました。儒家の学問（儒学）が漢代以降の中国の正統な統治理念とされたことだけでなく，秦の中国統一に貢献した法家や，道教の源流の一つとなった道家など，諸子百家の思想は，後世まで大きな影響を与えました。

政は，君主の称号として皇帝を用い，始皇帝と称しました。また，郡県制を全国に施行し，中央から官僚を派遣して地方を中央集権的に治めました。さらに，焚書・坑儒*1と呼ばれる思想統制や文字・貨幣などの統一を進めました。こうして，以後2000年以上に及ぶ皇帝支配の基礎が築かれましたが，

過酷な統治への不満が高まり，始皇帝の死後まもなく秦は滅亡します。

　次に中国を統一した漢は，後1世紀前半の中断をはさんで**前漢**と**後漢**に分かれます。漢は秦の制度を多く継承しましたが，**前漢の初代皇帝の高祖（劉邦）**は，秦の郡県制の失敗を教訓に，地方統治には**郡国制**を採用しました。これは，**中央は郡県制で直接統治し，それ以外の地域は諸侯を封建して統治を委ねる**ものでした。しかし，しだいに前漢は諸侯の抑圧をはかり，反発した諸侯らの**呉楚七国の乱**を鎮圧すると，その後の**武帝の時代**には，**実質的な郡県制による中央集権体制が確立**しました。

> 武帝の時代に実質的な郡県制に移行したあと，中国では封建による統治は見られなくなったのですか。

> 国内で封建制は復活しませんでした。一方，漢代以降，中国皇帝が周辺国の首長を名目的な臣下として，その支配を承認する**冊封体制**〔→ P.147〕と呼ばれる国際秩序が形成されます。これは，封建的統治を国外に応用したものといえます。

　武帝の時代には，儒家の**董仲舒**の活躍などもあって**儒学**の影響力が強まりました。また，武帝が実施した**郷挙里選**は，**地方長官の推薦で有徳者を官僚に登用**する制度で，後漢にも受け継がれ，儒学の教養を身につけた官僚が中央政界で力をもつようになりました。こうして**漢代に，儒学が官学（正統的教学）**として位置づけられていったのです。

　以上のように，儒学が皇帝支配を支え，儒学を学んだ官僚が全土を中央集権的に統治する**中華帝国**の基本構造が，漢代に形成され始めました。この仕組みは，20世紀初頭の中華帝国の終焉まで続くことになります。

---

*1　法家の李斯の建言で，医薬・占い・農業以外の民間の書物を焼き捨て（焚書），多くの儒者らを生き埋めにして処刑した（坑儒）とされる事件。

BC1000 BC500 1 500 1000 1500 2000

第3章 東アジア世界

キーワード 魏晋南北朝 五胡

江南の開発 門閥貴族

Q10 漢が滅んだあと，中国はどうなったのですか？

A
- 魏晋南北朝の分裂時代となる。華北は遊牧民を中心とする国家が興亡，江南は漢民族が流入して開発進展。
- 貴族が上級官職を独占。また，貴族の大土地経営に対し，諸王朝で均田制など様々な制度を実施。

　漢（後漢）は，2世紀後半になると政治が混乱し，宗教結社の太平道が困窮した農民を率いて黄巾の乱を起こしました。この反乱を機に，各地で豪族が自立して群雄割拠の状態となり，3世紀に後漢は倒れ，華北に魏，四川に蜀，江南（長江下流域）に呉が分立する三国時代となりました。こうして，後漢の滅亡から隋の中国統一まで3世紀半あまりの動乱の時代（魏晋南北朝時代）が始まったのです。

ひとこと

豪族と貴族

春秋・戦国時代の農業生産力の向上を背景に，小家族経営の自作農（小農民）が社会の基盤となりました→P.141。しかし，前漢の武帝の頃から，没落して小作人になる者が増える一方，その土地を集めて小作人を用いた大土地経営を行う豪族が現れました。豪族は，郷挙里選→P.143を利用して中央政界に進出し，魏晋南北朝時代には九品中正を通して，政治的・社会的特権を世襲する貴族となりました。とくに有力な家柄の者を，門閥貴族と言います。

　魏は蜀を滅ぼしましたが，まもなく魏の帝位を奪った司馬炎（武帝）が晋（西晋）を建て，さらに呉を滅ぼして中国を統一しました。しかし，西晋で一族の内乱（八王の乱）が起こると，それに乗じて五胡と総称される遊牧諸民

族（匈奴*1・鮮卑など）が華北に進出し，4世紀に西晋は匈奴に滅ぼされました。**華北では五胡を中心とする国家が興亡**する（**五胡十六国**）一方，晋の一族は**江南で晋を再建**しました。これが**東晋**で，**華北の戦乱を逃れて多くの漢民族が流入し，以後，江南の開発**が進展していきます。

華北は，鮮卑の建てた北魏が5世紀に統一しましたが，6世紀に分裂したのち，**北周**が再び統一しました。北魏から北周まで華北で興亡した諸王朝を**北朝**と称します。江南では，東晋滅亡後，**宋から陳まで4つの王朝**が交代しました（**南朝**）。北朝と南朝が対立した時代が，南北朝時代です。

> 魏晋南北朝時代は，遊牧民が華北に進出して，従来の漢民族中心の中国の歴史が大きく変わったのですね。

> 同時期の地中海世界でも，ローマ帝国が混乱期を迎え，ゲルマン人の大移動のなかで，東西に分裂し，やがて西ローマ帝国は滅ぼされます →P.173 。ユーラシア全体で諸民族の動きが活発化し，歴史が変動した時代といえるでしょう。

三国時代の魏が始めた**九品中正（九品官人法）**は，地方の有能な人材を9等級に分けて中央に推薦する官僚登用制度でしたが，**有力豪族が上級官職を世襲的に独占して門閥貴族を形成する結果**となりました。彼らが土地や人々を支配下に入れて大土地経営を拡大したことに対して，**北魏が創始した均田制**のように，諸王朝で様々な制度が実施されました。

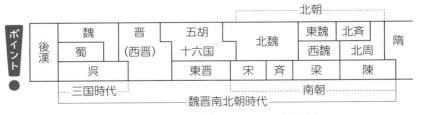

ポイント	後漢	魏	晋（西晋）	五胡十六国	北魏	東魏	北斉	隋
		蜀				西魏	北周	
		呉		東晋	宋 斉 梁		陳	

北朝（北魏・東魏・北斉・西魏・北周）
南朝（宋・斉・梁・陳）
三国時代（魏・蜀・呉）
魏晋南北朝時代

*1 前3世紀頃からモンゴル高原で台頭し，秦・漢と対立した。冒頓単于の時代に最盛期を迎えたが，前漢の武帝に討たれたのち，分裂を重ね，その一部が五胡の一つとして華北に進出した。

第3章 東アジア世界

キーワード 隋 唐 大運河 律令

冊封体制

Q 11 隋や唐はどのようにして東アジア世界の中心に発展したのですか？

A
- 隋・唐は，大運河による南北の統合や，律令（りつりょう）など諸制度の整備により，大帝国の統治体制を完成。
- 朝貢（ちょうこう）・冊封（さくほう）の外交関係を通じて，東アジア諸国が中国の制度・文化を取り入れて国家形成を推進。

6世紀後半に北周（ほくしゅう）の楊堅（ようけん）（文帝（ぶんてい））が隋を建て，**南朝の陳（ちん）を滅ぼして中国を統一**し，魏晋南北朝（ぎしんなんぼくちょう）時代を終わらせました。文帝は，九品中正（きゅうひんちゅうせい）→P.145 に代えて**儒学（じゅがく）などの学科試験で官僚（かんりょう）を選ぶ科挙（かきょ）**を始めました。また，北魏（ほくぎ）で創始された**均田制（きんでんせい）**→P.145 を受け継いで，国家が**成年男性に土地を均等に配分**しました。そして，均田制で土地を支給した農民に，**租調庸制（そちょうようせい）で税**を，**府兵制（ふへいせい）で兵役**を等しく負担させたのです。一方，東晋（とうしん）や南朝のもとで江南（こうなん）の開発が進んだ →P.145 ことを受けて，**江南と華北（かほく）を結びつける大運河の建設**を行い，第2代の**煬帝（ようだい）**の時代に完成しました。

隋が科挙や均田制などの制度を実施した目的は，何だったのですか。

貴族（門閥（もんばつ）貴族）が中央集権化をはばんでいたので，貴族に有利な推薦制（すいせん）の九品中正を改めたのです。また，均田制などを通して国家が農民を直接支配することで，多くの土地と農民を抱える貴族を抑え，**財政と軍事の充実**をはかりました。

7世紀に隋を倒して建国された唐は，第2代の**太宗（李世民）**が中国を統一し，第3代の高宗の時代には**中央ユーラシアまでも支配する大帝国**となりました。内政では，**律・令・格・式**[*1]の法体系，**三省・六部**[*2]を中心とする中央官制や**州県制**による地方行政制度，官僚登用制度の**科挙**，土地制度の**均田制**，税制の**租調庸制**，徴兵制の**府兵制**など，**隋の諸制度を継承して中央集権的な統治体制を完成**させました。

唐は隋の制度を継承しましたが，その隋も均田制など魏晋南北朝の制度を受け継いでいるのですね。

魏晋南北朝では，多民族・多文化が混じりあうなかで新しい制度や社会が生まれ，隋・唐の統一帝国の基盤となりました。春秋・戦国時代の動乱期に，続く秦・漢の領域国家の基礎が形成された →P.141 ことも思い出してみてください。

隋・唐の整然とした制度や先進的な文化は，**朝貢・冊封**の外交関係を通じて**東アジア諸国に広がり，各地で漢字・儒学・仏教・律令・都城制などを取り入れた国家の形成**が進められていきました。たとえば，朝鮮半島を統一した**新羅**は，唐の冊封を受けて官僚制や仏教文化の摂取に努めました。日本は，**遣隋使**や**遣唐使**を派遣して，**律令国家体制を整え，唐の都の長安を模した平城京**を造営しました。こうして，中国を中心に，その制度・文化を共有する一つの文化圏が成立したのです。

ひとこと

朝貢と冊封

東アジアでは，漢代以降，周辺国の首長が中国の皇帝に貢物を贈り（**朝貢**），これに中国の皇帝が返礼品と王号などを与え，形式的な臣下として支配権を承認する（**冊封**）国際秩序が形成されました。中国中心のこの国際秩序を**冊封体制**と言い，唐代に完成されます。これは，国家の対等を原則とする近代の主権国家体制 →P.184 とは相容れないものでした。

---

*1　律は刑法，令は行政法・民法，格は律・令の補充・改正や臨時法，式は運用上の規定。
*2　三省は中書省・門下省・尚書省の3機関を指し，皇帝の詔勅（命令）を，中書省が起草し，門下省が審議し，尚書省が執行した。尚書省には，吏部（人事）・戸部（財政・戸籍）・礼部（祭祀）・兵部（軍事）・刑部（司法）・工部（土木・建築）の六部が所属した。

第3章 東アジア世界

キーワード 科挙 安史の乱 両税法
宋 文治主義 士大夫

Q12 唐の時代と宋の時代で中国社会はどう変化したのですか？

A
- 唐代に支配層であった貴族が没落し，宋では新興地主層が文人官僚となって政治・社会を指導。
- 宋代は経済が発展し，穀倉地帯となった江南が中国経済の中心に。都市・貨幣経済・民間交易が成長。

　魏晋南北朝で力をもった貴族は，唐の初期にも依然として高官を占め，大土地所有を認められていましたが，7世紀末に皇帝となった**則天武后（武則天）**[*1]の頃から，**科挙** →P.146 によって登用される官僚が増えました。8世紀の**玄宗**の治世には，諸制度がゆきづまり，徴兵による府兵制に代えて，**傭兵を用いる募兵制**が採用され，その傭兵軍団を指揮して辺境防衛にあたる**節度使**が台頭しました。そして，**節度使らが起こした安史の乱**を機に，**節度使が国内各地で自立**するなど，唐の統制力は衰えていきます。税制では，租調庸制の崩壊を受けて，**所有する土地や資産に応じて課税する両税法**が新たに施行されました。

　租調庸制から両税法への移行は，どのような状況の変化に対応したものだったのですか。

　均田制 →P.146 が破綻して，没落した農民の土地を合わせた大土地所有制（荘園）が発達したため，大土地所有を前提とした税制に切り替える必要があったのです。

10世紀に節度使の朱全忠が唐を滅ぼすと，節度使などの武人が権力を握る五代十国となりました。唐末以来の混乱のなかで，**貴族は完全に没落し，新興地主層の形勢戸が勢力を伸ばしました。**この動乱を収めて中国の主要部を統一したのが，宋（北宋）でした。北宋は，節度使の勢力を解体して皇帝権力の強化をはかり，**科挙で登用した文人官僚を重用する文治主義**をとりました。その際，多くの文人官僚を出したのが地主層の形勢戸で，彼らが**士大夫として政治・社会の指導者層**となっていくのです。

安史の乱以降，中国を中心とする国際秩序が緩み，日本の遣唐使停止と国風文化の繁栄のように，東アジアの諸地域は中国の影響を受けつつも独自性を強めました。中国周辺では，中央ユーラシアの諸民族が建てた**キタイ（遼・契丹）・西夏・金が宋を圧迫**しましたが，**宋はこれらの国々と和議を結んで平和を保った**ため，宋の国内では経済・文化が大きく発展することになります。

開発の進んだ**江南（長江下流域）は，穀倉地帯として中国経済の中心**となりました。商業の活発化にともなって，都市が成長し，**北宋の都開封や南宋[*2]の都臨安（杭州）**は大商業都市としても繁栄しました。銅銭に加えて，**紙幣の交子・会子**も発行されました。対外的には，朝貢貿易よりも**民間の海上交易がさかん**になり，**広州・泉州**などの海港都市が栄えました。

唐代と宋代では，様々な面で大きな変化があったのですね。文化面はどうだったのでしょうか。

華やかな貴族文化に代わり，実践や精神性を重んじる士大夫の文化となりました。国際色豊かな唐の文化に対し，周辺国から圧力を受けた宋では，中国の優位を強調する朱子学（宋学）が生まれました。また，商業の発展で庶民文化も栄えました。

*1 唐の高宗（→P.147）の皇后で，高宗の死後に即位して中国史上唯一の女性皇帝となった。その治世は，国号を周と改めた。
*2 金が靖康の変（1126〜27）で北宋を滅ぼして華北を支配すると，宋の皇族が江南に逃れて宋を再建した。これ以降の宋を，南宋という。

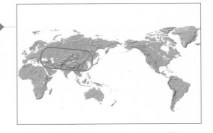

BC1000　BC500　　1　　500　　1000　　1500　　2000

第3章 東アジア世界

キーワード　モンゴル帝国　元
ジャムチ　大運河　ムスリム商人

Q13 モンゴル帝国の拡大は，世界にどのような変化を与えたのですか？

A
■ユーラシア東西を陸路・海路で結ぶ広域ネットワークの成立で，人・物・文化・情報などの交流が活発化。
■中国に銀経済が及んだことや，ヨーロッパでアジアへの関心が高まったことで，大航海時代への準備が整う。

　13世紀，モンゴル高原で**モンゴル帝国（大モンゴル国）**を建てた**チンギス＝ハン（カン）**は，中央アジアの**ホラズム＝シャー朝**を倒し，中国西北の**西夏**を征服しました。第2代の**オゴデイ（オゴタイ）**の時代に，**金を滅ぼして華北を領有**する一方，ヨーロッパに遠征した**バトゥが南ロシアを制圧**し，**キプチャク＝ハン国（ジョチ＝ウルス）**を建てました。第4代のモンケの時代には，**フレグ（フラグ）が西アジアに遠征してアッバース朝を滅ぼし**，**イル＝ハン国（フレグ＝ウルス）**を建てました。この頃，朝鮮半島の**高麗**がモンゴルに服属しています。第5代の**クビライ（フビライ）**は，国号を中国風に**元（大元）**と定め，**南宋を滅ぼして中国全土を支配下**に入れました。こうして出現した空前の大帝国は，元を中心に，キプチャク＝ハン国，イル＝ハン国，中央アジアの**チャガタイ＝ハン国（チャガタイ＝ウルス）**が緩やかに連合したものでした。

　モンゴル帝国では，早くから**ジャムチ**と呼ばれる**駅伝制**が全土で整備され，陸路の東西交通がさかんでした。元が南宋を滅ぼすと，**杭州・泉州・広州**などの華中・華南の海港都市を通じて海路とも結びつきました。さらに，元の

都**大都**（現在の北京）は，杭州と大都を結ぶ**大運河**や，山東半島を経由して大都に向かう**海運**によって，中国経済の中心である江南とつながりました。すなわち，大都を結節点としてユーラシア主要部の陸路・海路のネットワークが統合されたのです。

▲元の交通路

モンゴル帝国は，諸民族の宗教や文化に寛容であったため，様々な人々が往来しました。交易では**ムスリム商人**が活躍し，**銀が基軸通貨**として用いられ，元では銀と交換可能な紙幣（**交鈔**）が流通しました。ムスリム商人が来航した東南アジア諸島部は，イスラーム化が進みました →P.135 。

中国では，春秋・戦国時代の青銅貨幣以来，主に青銅製の通貨が使用されてきたと思うのですが，モンゴル時代には，なぜ銀が重視されたのでしょうか。

ムスリム商人が活動する西アジアや中央アジアでは，銀が広く使用されていたからです。大航海時代 →P.182 に大量の銀が流通して世界経済が結びつけられることを考えれば，モンゴル時代は，それを準備した時代とも位置づけられますね。

この広域ネットワークでは，人や交易品・貨幣だけでなく文化や情報，ときには疫病も行き交い，世界の歴史を大きく動かしました。たとえば西ヨーロッパでは，中国から伝わった**火薬**が，戦術の変化による**騎士階級の没落**をもたらし，加えて，14世紀にこの交通路を経由して伝播した**黒死病（ペスト）**で人口が激減し，**農奴解放と封建社会の解体**を促しました →P.176,177 。また，大都を訪れた**マルコ＝ポーロ**の『**世界の記述（東方見聞録）**』は，ヨーロッパの人々にアジアの富に対する関心を抱かせ，西ヨーロッパ諸国が世界に乗り出す**大航海時代の背景**の一つとなっています。

BC1000 BC500 1 500 1000 1500 2000

第3章 東アジア世界

キーワード 明 朱子学 満洲 清
藩部

Q 14 明と清の国内統治の違いは何ですか？

A

- 明は，朱子学（儒学）を重視し，皇帝が農村の末端まで統制する統治体制を樹立。
- 満洲人王朝の清は，藩部では現地の支配層に統治を委任。直轄領の中国では，科挙・儒学など伝統を尊重する懐柔策と，辮髪の強制などの威圧策を実施。

14世紀になるとユーラシアでは寒冷化が進み，自然災害や疫病の流行とそれにともなう社会変動でモンゴル帝国は解体しました。中国では，元に代わって**明**の支配が始まります。明の建国者である**洪武帝（朱元璋）**は，国内では，元代に政治を掌握していた**中書省を廃止**して皇帝独裁体制の確立に努め，**朱子学**[*1]を官学化して，それに基づく**科挙試験で官僚を登用**しました。また，**農村に里甲制を実施**して**末端の農民まで統制**し，儒教的教訓の**六諭**を定めて民衆の教化をはかりました。対外的には，民間の海上交易を禁止する**海禁**を行いました→ P.154 。

モンゴル時代は商業・交易の利益や多様な価値観が尊重されて開放的なイメージでしたが，明は様々な面で統制を強化したのですね。

そうです。明も元の制度を部分的に継承していますが，洪武帝が農村社会の再建と中国文化の復興によって，皇帝が君臨する体制をつくりあげようとした点は特徴的です。

しかし，16世紀以降の世界的な商業の発展のなかで，明は統制を失って衰退していきました→P.155。一方，交易の利益で台頭したのが，中国東北地方の女真（のちに満洲と改称）でした。彼らを統合したヌルハチが，17世紀前半に後金（アイシン）を建て，次のホンタイジが国号を清と改め，李自成によって明が倒されたのち，中国の新たな支配者となったのです。そして，17世紀後半から18世紀末の康熙帝・雍正帝・乾隆帝の時代に清は最盛期を迎え，その領土はユーラシア東方の大半に及びました。

明を滅ぼしたのは李自成なのに，なぜ清が中国の支配者になることができたのですか。

明が李自成によって滅ぼされると，明の武将であった呉三桂が清に降伏して北京へ先導しました。清は，李自成の軍を破って北京に遷都し，中国支配を開始したのです。

清は，少数の満洲人が広大な領土と多様な民族を支配した王朝です。中国内地・東北地方・台湾を直轄領，モンゴル・青海（チベット高原北東部）・チベット・新疆（東トルキスタン）を藩部とし，藩部では，理藩院の管轄下に，現地の支配層に統治を委ねてその地の慣習や宗教を尊重しました。中国内地でも，科挙や官制など明の諸制度を継承し，儒学を振興して中国王朝の伝統を重んじる姿勢を見せ，漢人の知識人を懐柔しました。一方で，八旗[2]に所属する人々を重用したり，要職には満洲人と漢人を同数任用する満漢併用制をとるといった独自の制度も設けました。そして，漢人男性に満洲人の髪型である辮髪を強制し，清や満洲人に批判的な言論・思想を弾圧する文字の獄を行って，支配者としての威厳を示したのです。

[1] 宋学の別称で，南宋の朱熹（朱子）が大成した儒学の一派。華夷の区別（中華思想）や大義名分論（君臣秩序の重視）を強調し，中国だけでなく日本・朝鮮などでも官学とされた。
[2] ヌルハチが創始した軍事・行政組織。八旗に属する人々は土地が支給され，軍人・官僚として支配者層を形成した。満洲八旗・蒙古（モンゴル）八旗・漢軍八旗の3軍がある。

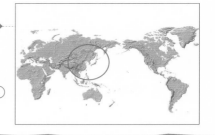

BC1000　BC500　1　500　1000　1500　2000

第**3**章 東アジア世界

キーワード 倭寇 明 海禁 朝貢貿易
清

Q 15 明と清の時代は，どのような対外
政策が行われたのですか？

A

- 明は，交易を統制し，朝貢貿易に限定。16世紀に海禁を緩和して民間交易を容認し，朝貢体制は崩壊。
- 清は，台湾の鄭氏政権に対して海禁強化。鄭氏降伏後は海禁を緩和して民間交易を許可。朝貢貿易も存続。

14世紀の東アジアでは，元や高麗→P.150が衰え，日本も鎌倉幕府が倒れて2つの朝廷が抗争を繰り広げました（南北朝の動乱）。混乱のなか，東シナ海では，日本人主体の海賊集団（**倭寇**）の活動が活発化しました。そこで，新たに成立した**明は，民間の海上交易を禁止する海禁政策をとり**，国家が管理する**朝貢貿易** *1 に限定したのです。その結果，高麗に代わった**朝鮮王朝**や**中山王**が統一した**琉球**が朝貢貿易で繁栄し，日本も**足利義満**が明の冊封を受けて**勘合貿易** *2 を始めました。また，**永楽帝が鄭和の大艦隊を東南アジア・インド洋に派遣すると，南海諸国からの朝貢貿易が増加**し，中継地としてマレー半島の**マラッカ王国**→P.135が台頭しました。

「海禁」といっても，すべての交易が禁止されたわけではないのですね。陸上の交易は，どうだったのですか。

明は，陸上でも交易を管理しようとしました。モンゴルの諸集団などに対して，朝貢貿易を求めたうえ，その回数や規模を制限したので反発を招きました。

永楽帝の死後，明の対外政策は消極的になりました。16世紀には国際商業が活発化 →P.183 するなか，北方では**モンゴルが中国へ侵入を繰り返し**，南方では**海禁を打破しようとする民間商人が密貿易を激化**させました（**後期倭寇** *3）。苦しんだ明は，モンゴルとの交易に応じ，**海禁を緩和して民間交易を認める**政策に転換したのです。明の朝貢体制は崩壊に向かい，国際交易で力をつけた**豊臣秀吉** *4 や**女真（満洲）** →P.153 が明に挑戦しました。国内では，交易による**大量の銀の流入**で貧富の差が拡大し，困窮した農民を率いた**李自成の乱**により，17世紀半ば，**明は滅亡**しました。

明の滅亡後，清の中国支配が始まると，**鄭成功一族が台湾を拠点に清に抵抗**しました。**康熙帝は海禁を強化して対抗**し，この鄭氏政権を降伏させると，台湾を直轄領に組み込むとともに，**海禁を緩和して民間交易を許可**しました。ただし，ヨーロッパ船の来航は，18世紀半ば以降，**広州1港に制限**し，特許商人組合（**公行**）が貿易を管理しました。**ロシアとは，康熙帝時代のネルチンスク条約**などで国境と交易について取り決めました。一方，朝鮮やベトナムなど清の冊封を受けた国を，属国とみなして朝貢貿易を行いました。

日本は，明との勘合貿易のように，清とも朝貢貿易を行ったのですか。

日本の江戸幕府は，清と朝貢関係をもちませんでした。しかし，「鎖国」政策のもとでも，長崎で民間の中国商人と交易をしていました。

*1 周辺国の君主が中国皇帝に貢物を贈り，中国皇帝が返礼品を与えるという，朝貢 →P.147 の形態をとって行われる貿易。冊封を受けずに朝貢貿易のみを行うことも可能だった。
*2 勘合と呼ばれる割符を携帯した日本と明との間の朝貢貿易。
*3 元末明初の日本人主体の倭寇を前期倭寇と呼ぶのに対し，16世紀に活発化した倭寇を後期倭寇と言い，中国人が大勢を占めた。
*4 16世紀末に日本の統一を果たし，明の征服を目的に朝鮮に出兵した（文禄・慶長の役，壬辰・丁酉倭乱）が，李舜臣の朝鮮水軍や明の援軍などの反撃を受け，秀吉の死で日本軍は撤退。

実際の共通テスト問題を見てみよう

始皇帝と諸子百家に関する問題例です。

（2021年 共通テスト 世界史B（第1日程））

次の文章は、『史記』に見える始皇帝死亡時の逸話について、その概要をまとめたものである。

領土を視察する旅の途中で、皇帝は病に倒れる。彼は死の直前、長男の扶蘇を跡継ぎにすると決め、扶蘇に遺言を残すが、それを預かった近臣は大臣の　**ア**　と謀り、遺言を偽造して胡亥という別の子を立てる。（『史記』）

だが近年発見された竹簡には、全く異なる逸話が記されていた。

領土を視察する旅の途中で、皇帝は病に倒れる。死を悟った彼は、誰を跡継ぎにすべきか家臣に問う。　**ア**　は胡亥を推薦し、皇帝はそれを承認する。（北京大学蔵西漢竹書「趙正書」）

『史記』は正史（正統なものと公認された紀伝体の歴史書）の祖とされるものの、そこに記された内容が、全て紛れもない事実だったとは限らない。司馬遷の時代、始皇帝の死をめぐっては幾つかの逸話が存在し、彼はその中の一つを「史実」として選択したのである。正史編纂の多くが国家事業だったのに対し、『史記』はあくまで司馬遷個人が著した書物であり、したがって素材となる資料の収集は司馬遷が独自に行ったもので、収集の範囲にはおのずと限界があった。

だが個人の著述であるがゆえに、『史記』には司馬遷自身の見識が込められており、形式化した後代の正史とは一線を画している。例えば、中国では伝統的に商人が蔑視されるが、司馬遷は自由な経済活動を重んじ、著名な商人の列伝を『史記』の中に設けている。これは彼が生きた時代に行われていた政策への、司馬遷なりの批判の表明でもあった。

問 文章中の ア に入れる人物の名**あ〜う**と，その人物が統治のために重視したこと**X〜Z**との組合せとして正しいものを，後の**①〜⑥**のうちから一つ選べ。

ア に入れる人物の名
あ 孟子 　　 い 張儀 　　 う 李斯

統治のために重視したこと

X 家族道徳を社会秩序の規範とすること

Y 血縁を越えて無差別に人を愛すること

Z 法律による秩序維持を通じて，人民を支配すること

① あ ─ X 　　② い ─ Y 　　③ う ─ Z
④ あ ─ Z 　　⑤ い ─ X 　　⑥ う ─ Y

始皇帝と選択肢「あ」の孟子は知っているけれど，それ以外の人物はよく知らないなぁ…

それでは，消去法も活用しながら答えをしぼりこんでみてください。

中国を統一した秦の始皇帝と春秋・戦国時代の諸子百家の思想についての問題です。

諸子百家の思想家にはいろいろな人物がいて，混乱してしまいます……。

始皇帝が法家の思想をとり入れたことや，孟子が儒家の思想家であることなどの基本的な知識を手がかりにして，選択肢をしぼりこんでいきましょう。

　始皇帝死亡時の逸話中の空欄にあてはまる人物の名と，その人物が統治のために重視したことを選択し，その組合せを答える問題です。

　まず，　ア　に入れる人物は**あ〜う**のうちのだれかを考えてみましょう。『史記』の逸話には，秦の始皇帝に仕えた「大臣」（最初の資料の2行目）とあるので，　ア　は法家の思想家でもある「**う**」の李斯です。

先生，李斯という人物は知りません。

　教科書に出てくるので，この機会に覚えておいてください。ただ，もっている知識で解けることもあるので，あきらめてはいけません。
　あの孟子は，戦国時代に活躍した儒家の思想家です。基本知識として知っておきましょう。その後の前3世紀後半（前221年）に，秦の始皇帝が初めて中国を統一して戦国時代を終わらせるので，**あ**は始皇帝より前の人物で，除外できます。

これで，　ア　に入れる人物は**いとう**にしぼられました。

次の「統治のために重視したこと」を見ていきましょう。

始皇帝が法家思想を採用したということは，覚えておかなければならない重要な知識です。Ｘ〜Ｚのなかでは，Ｚの「法律による秩序維持を通じて，人民を支配すること」があてはまります。

ここで，解答の選択肢を確認しましょう。

Ｚを含むのは③と④です。　ア　に入れる人物は**いとう**にしぼりこんでいますので，解答は**う** ― Ｚの組合せの③と判断します。

他の選択肢についても確認しておきましょう。

　ア　の選択肢のうち，残りの**い**の張儀は，君主に外交を説いた縦横家の思想家です。戦国時代に活躍した人物で，やはり始皇帝より前の時代です。

Ｘの「家族道徳を社会秩序の規範とすること」を重視するのは，儒家の思想です。　ア　の選択肢のうちでは，**あ**の孟子があてはまります。

Ｙの「血縁を越えて無差別に人を愛すること」を重視するのは，「兼愛」を説く墨家の思想です。

この問題は消去法でうまく解けましたが，消去法が使えない問題も多いので，やはり教科書の基本用語や過去の共通テストに出てきた用語は，できるだけ覚えておくことが重要です。

問題を解くのに十分な知識がない場合，もっている知識と消去法を活用しながら解答をしぼりこんでいきましょう。選択肢の組合せに注目すると解けることもあります。

第4章　イスラーム世界

キーワード　イスラーム教　ムハンマド
正統カリフ　ウマイヤ朝　アッバース朝

Q16 イスラーム教は，西アジアや北アフリカにどのような影響を与えたのですか？

A
- 西アジア・北アフリカがイスラーム世界の中心として発展。
- 民族を越えたムスリム平等の原則，イスラーム法・アラビア語などを共有した。

イスラーム教は，アラビア半島のメッカ（マッカ）に生まれた**ムハンマド**が，7世紀に唯一神**アッラー**の啓示を受けて創始しました。ムハンマドは，イスラーム教徒の共同体（**ウンマ**）を創設して信徒を増やし，やがてアラビア半島の多くの**アラブ人**がムハンマドに従うようになりました。

ムハンマドの死後，その後継者（**カリフ**）がウンマを指導しました。**ムスリム（イスラーム教徒）**の合意（選挙）で選ばれた，初代**アブー＝バクル**から第4代**アリー**までの4人のカリフは，**正統カリフ**と呼ばれます。この時代，アラブ人のムスリムは，ビザンツ帝国からシリア・エジプトを奪い，ササン朝を崩壊させてイラン・イラクを獲得しました。続く**ウマイヤ朝**の時代には，その領土が，西はイベリア半島，東は中央アジア・西北インドに及びました。

イスラーム教徒によって征服された異教徒は，イスラーム教への改宗を強制されたのですか。

いいえ。異教徒は，人頭税（ジズヤ）などを納めることで，従来の信仰や自治が認められました。

ウマイヤ朝は,カリフ位の世襲を始めましたが,その支配に**シーア派**[*1]が反発しました。また,被征服地の異民族の間ではイスラーム教への改宗者が増加しましたが,**アラブ人ムスリムが特権をもっている**ことに対して,不満を募らせました。こうした動きに乗じて,ウマイヤ朝を倒して成立したのが**アッバース朝**でした。アッバース朝は,アラブ人の特権を廃止し,**民族の別なくムスリムの平等を原則**として,**イスラーム法**に基づく統治を目指したので,改宗者が急増しました。

ひとこと

イスラーム法

アラビア語では**シャリーア**と言い,その規定には,宗教だけでなく,婚姻・相続・商行為・刑罰から政治まで広く世俗の内容も含まれます。イスラーム法の主な典拠は,聖典**『コーラン(クルアーン)』**とハディース(ムハンマドの言行に関する伝承)で,**ウラマー**(イスラーム知識人)によって解釈・体系化されました。

　以上のようなイスラーム教徒の征服活動により,西アジアと北アフリカが**イスラーム世界**の中心として結びつきました。同時に,西アジアのイラン文化と地中海のギリシア・ローマ文化などを統合・吸収しつつ,新たに**イスラーム教**と**アラビア語**を融合した**イスラーム文化**が生まれました。
　イスラーム教では公正な商業活動が奨励され,またメッカ巡礼がムスリムの義務であったため,都市を結んだ陸上・海上の交通網が整備されました。さらに,**『コーラン』**の言葉である**アラビア語**が共通語として,イスラーム法が国際法として機能したことは,巡礼者や**ムスリム商人**の活発な往来を促しただけでなく,その後の政治的分裂の時代にあっても広大なイスラーム世界の一体性に寄与することになりました。

ポイント！

正統カリフ時代	ウマイヤ朝	アッバース朝
ムスリムの合意でカリフ選出 アラブ人ムスリムが特権	カリフは世襲 アラブ人ムスリムが特権	カリフは世襲 ムスリムの平等

*1　第4代正統カリフのアリーとその子孫のみを正統な指導者と考えるイスラームの宗派。シーア派に同調しない多数派がスンナ派で,スンナ(ムハンマドの言行)に従うことを重視する。

第4章 イスラーム世界

キーワード （トルコ系民族）（カラハン朝）

（セルジューク朝）（ムスリム商人）（スーフィズム）

Q17 イスラーム教は，諸地域にどのように広がったのですか？

A
- トルコ系民族の建国で，中央アジア・アフガニスタン・北インド・アナトリアなどがイスラーム化。
- ムスリム商人やスーフィズムの活動で，アフリカ・東南アジアなどがイスラーム化。

　アッバース朝では，9世紀になると地方政権の自立が進みました。**中央アジアでは，イラン系のサーマーン朝が独立し，この地のイスラーム化を加速**させました。一方，モンゴル高原で強勢を誇った<ruby>誇<rt>ほこ</rt></ruby>トルコ系の**ウイグル**が9世紀に崩壊すると，トルコ系諸民族の西方移動が活発化しました。中央アジアでは，**10世紀にトルコ系民族が建てたカラハン朝がイスラーム教を受容し，さらにサーマーン朝を滅ぼして勢力を拡大**しました。トルコ系民族は，中央アジアから各地に進出しました。

　10世紀にアフガニスタンに成立したトルコ系のガズナ朝は，北インドへの侵攻を繰り返し，12世紀にガズナ朝から独立した**ゴール朝**も北インドに支配の基礎を築きました。そして，13世紀にはゴール朝の将軍**アイバク**が**インド最初のイスラーム王朝（奴隷<rt>どれい</rt>王朝）を樹立**した

▲トルコ系民族の拡大

→ トルコ系民族の進出

のです。奴隷王朝以降，北インドには**デリー**を都に5つのイスラーム王朝が交代しました（**デリー＝スルタン朝**）。

また，11世紀に西アジアへ移動して建国した**トルコ系のセルジューク朝は，アッバース朝の都バグダードに入り，アッバース朝のカリフからスルタン（支配者）の称号**を与えられました。その後，アナトリア（小アジア）に進出し，アナトリアのトルコ化・イスラーム化のきっかけをつくりました。

西アフリカは，**サハラ砂漠の岩塩と西アフリカ産の金の交易**で繁栄しました。この交易で多くの**ムスリム商人**が移住するなど，**西アフリカのイスラーム化**が進み，13世紀以降，ムスリムが支配層の**マリ王国**や**ソンガイ王国**が成立しています。また，ムスリム商人のインド洋交易への進出で，**アフリカ東岸や東南アジア諸島部のイスラーム化**が促され，たとえば，マレー半島の**マラッカ王国**は，15世紀にイスラーム教に改宗しました。

イスラーム世界の拡大には，トルコ系民族とムスリム商人の果たした役割が大きいのですね。

さらに，神との一体感を求めるスーフィズム（イスラーム神秘主義）の教団が各地でつくられて活発に活動したことも，イスラーム教の大衆化と拡大につながりました。

〈諸地域の主なイスラーム王朝・国家〉

ポイント		
中央アジア	サーマーン朝（イラン系），カラハン朝（トルコ系）
アフガニスタン	ガズナ朝（トルコ系），ゴール朝
北インド	奴隷王朝（トルコ系）に始まるデリー＝スルタン朝
西アフリカ	マリ王国，ソンガイ王国
東南アジア	マラッカ王国

BC1000　BC500　1　500　1000　1500　2000

第4章　イスラーム世界

キーワード　ティムール朝　オスマン帝国
サファヴィー朝　ムガル帝国

Q18 オスマン帝国・サファヴィー朝・
ムガル帝国の特徴は何ですか？

A
- ティムール朝の衰退後に台頭したイスラーム国家。
- 宗教的な寛容と多民族・多文化が共存。

14世紀にモンゴル帝国の解体が進み，**中央アジアのチャガタイ＝ハン国** →P.150 も東西に分裂し，その抗争のなかで台頭した**ティムール**は，**サマルカ**ンドを都に**ティムール朝**を建てました。モンゴル帝国の再興を目指して，**イル＝ハン国滅亡後のイランを征服**し，**オスマン帝国をアンカラの戦いで破り**ましたが，明(みん)→P.152 への遠征途上で病死しました。

中央アジアからイラン・イラクを支配したイスラーム王朝のティムール朝では，**トルコの文化とイランのイスラーム文化が融合した文化**が生まれ，トルコ語文学や細密画(さいみつが)（ミニアチュール）*1 が発達しました。**ティムール朝が16世紀初めに遊牧(ゆうぼく)ウズベク（ウズベク人）に滅ぼされた**あとの西アジア・南アジアでは，3つのイスラーム国家が並び立ちます。

ティムールは，モンゴル人国家の出身なのに，なぜイスラームやトルコの文化と関係があるのですか。

中央アジアでは，9世紀頃からイスラーム化やトルコ化が進みましたね →P.162 。中央アジアのチャガタイ＝ハン国もトルコ化・イスラーム化し，その西部からティムールが出たのです。

オスマン帝国は，1300年頃にアナトリア（小アジア）に成立したトルコ系イスラーム国家で，14世紀にはバルカン半島の大半も支配しました。15世紀にティムールに敗れて一時混乱したものの，まもなく回復して**ビザンツ帝国を滅ぼしました**。16世紀に**マムルーク朝を滅ぼしてメッカ・メディナを保護下に入れ，スンナ派の擁護者（ようごしゃ）**としての地位を確立し，その後の**スレイマン１世**の時代に最盛期を迎えます。帝国内では，**非ムスリムに宗教共同体内での自治が認められ**，ヨーロッパ商人に通商特権が与えられるなど，様々な宗教・民族の人々の共存（きょうぞん）がはかられました。

ティムール朝衰退後のイランでは，トルコ系遊牧民の軍事力に支えられて16世紀に**サファヴィー朝**が成立します。建国後は，**シーア派穏健派（おんけん）の十二イマーム派**を国教として，スンナ派のオスマン帝国に対抗し，イランの伝統的王号の**シャー**を用いて，在地のイラン人をとり込みました。最盛期の**アッバース１世**が遷都（せんと）した**イスファハーン**は，国際商業都市として繁栄（はんえい）しました。

インドでは，中央アジア出身で**ティムールの子孫のバーブル**が，16世紀に**ムガル帝国**を建てました。多数派のヒンドゥー教徒と融和（ゆうわ）するため，第3代の**アクバル**は**非ムスリムに課される人頭税（じんとうぜい）（ジズヤ）** →P.160 **を廃止**しました。文化面でもイスラーム文化とインドの文化が融合した**インド＝イスラーム文化**が開花し，**タージ＝マハル**に代表される建築や，イランの細密画の影響を受けた絵画などが発展します。

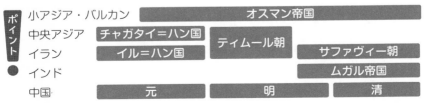

ポイント ●	小アジア・バルカン	オスマン帝国		
	中央アジア	チャガタイ＝ハン国	ティムール朝	
	イラン	イル＝ハン国		サファヴィー朝
	インド			ムガル帝国
	中国	元	明	清

*1 写本の挿絵（さしえ）として描かれた精密な絵。中国画の影響を受けてイル＝ハン国で発達した。

実際の共通テスト問題を見てみよう

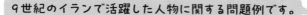

9世紀のイランで活躍した人物に関する問題例です。

（2022年 共通テスト 世界史B）

　次の**資料**は，9世紀にイラン北東部の都市ニーシャープールで生きた，ハサン＝ブン＝イーサーという人物の伝記記事の概略である。

資料

> 　ハサン＝ブン＝イーサーは，キリスト教を信仰する裕福な旧家の出身であったが，イスラーム教に改宗した。そして，❶イスラーム諸学の知識を求めて旅をし，各地の師に会って学んだ。彼は，信心深く敬虔で，❷学識の確かな者であった。ニーシャープールの❸法学者やハディース学者は，彼を高く評価してきた。
>
> 　彼は，ヒジュラ暦239年シャウワール月（西暦854年3月頃）に，❹「預言者ムハンマドが，『ナルド^(注)で遊ぶ者は，神と神の使徒（預言者）に背いている』と言った」というハディースを講じた。彼のハディースの講義には，1万2千人が出席した。
>
> 　彼はヒジュラ暦240年（西暦855年頃）に死去した。
>
> （注）ナルド ― ボードゲームの一種。

　上の**資料**から，ハサン＝ブン＝イーサーが　ア　として活躍し，特に　イ　の分野で評価されたことが読み取れる。

問 前の文章中の空欄 | ア | に入れる語**あ・い**と，空欄 | イ | に入れる語句**X・**
Yとの組合せとして正しいものを，後の**①**～**④**のうちから一つ選べ。

| ア | に入れる語

あ ウラマー **い** スーフィー

| イ | に入れる語句

X 神との一体感を求める神秘主義の研究と教育

Y 預言者ムハンマドの言葉や行為に関する伝承の研究と教育

① あ ー **X** **②** あ ー **Y** **③** い ー **X** **④** い ー **Y**

ウラマー？
スーフィー？
ムハンマドならわか
るけど……。

うろ覚えでも，
核心部分を押さえて
いれば正解に近づく
ことができますよ。

イスラーム社会の歴史用語はなかなか覚えられません……。

この問題では，「ウラマー」と「スーフィー」についての知識が求められますが，うろ覚えであっても，問題文中から手がかりを探し出して考えていきましょう。

　ハサン＝ブン＝イーサーという人物の伝記記事の概略を記した資料の文章から，ハサン＝ブン＝イーサーが「何」として活躍（かつやく）し，また，とくに「どの」分野で評価されたかをそれぞれ選び，その組合せを答える問題です。

　まず　ア　に入れる語**あ・い**について確認していきましょう。
　あの**ウラマー**とは，**イスラーム諸学**（しょがく），**とくに法学を習得した学者・知識人**のことを言います。
　いの**スーフィー**は，**イスラーム神秘主義者**（しんぴ）**のことで，イスラーム法の形式主義化を批判し，内面の信仰を重視して神との一体感を求める人々**のことを指します。

　資料の2～3行目に「**イスラーム諸学の知識を求めて…学んだ**」①「**学識の確かな者**」②とあり，さらに，資料の4行目には「**法学者やハディース学者は，彼（ハサン＝ブン＝イーサー）を高く評価してきた**」③とあることからも，ハサン＝ブン＝イーサーは**あ**の**ウラマー**として活躍していたと考えられます。

ざっくり大まかでいいので，「**ウラマー≒知識人**」，「**スーフィー≒イスラーム神秘主義者**」は覚えておきましょう。

次に イ について確認しましょう。X・Y中の語句と資料の文章との関連に注目します。

Xにある「神との一体感」や「神秘主義」という語句や内容は，資料の文章中には見当たりません。これは，**い**のスーフィーの説明です。

一方で，Yの「預言者ムハンマドの言葉」は，資料の5〜7行目「預言者ムハンマドが…と言った」に相当します。そうすると， イ にはYが入ると推測され，解答は**②あ ― Y**と決定できそうです。

ここで，資料中に何度も出てくる「ハディース」という語に注目してみましょう。ハディースとは，Yにある「預言者ムハンマドの言葉や行為に関する伝承」のことにほかなりません。**イスラーム法（シャリーア）は，イスラーム教の聖典『コーラン』とこのハディースを基礎にして，ウラマーによって整えられていきました。**ハディースとイスラーム法との関係を理解できていれば，ハディースに通じたハサン=ブン=イーサーがウラマーであることはすぐにわかりますし，資料に見えるように法学者に高く評価されていたことも納得がいくでしょう。

この問題は，ハディースが何かわからなくても核心部分にせまることができますが，ハディースについて知っていれば，確信をもって正解の**②**を選ぶことができますね。

> 用語の知識が多少あいまいでも，核心部分が押さえられていれば，それを手がかりにして考えていくことができます。ただ，やはり基本的な知識があると確実ですね。

第5章 中世ヨーロッパ世界

キーワード　中世　ギリシア正教会

ローマ＝カトリック教会　イスラーム教　モンゴル帝国

Q19 世界史でいう中世とはどういう時代ですか？

A

- 古代文明を継承する一方, 諸地域で新しい理念や制度に基づく社会が形成。
- ユーラシア規模で諸地域間の交流が活発化。

　中世は, 古代帝国→P.123 が崩壊したあとの時代です。地中海地域では, 4世紀後半に始まる**ゲルマン人の大移動**などで混乱したローマ帝国が東西に**分裂**し, キリスト教世界も2分されていくことになりました。

　ビザンツ帝国（東ローマ帝国）は, ローマ帝国の伝統を受け継ぎながらも, **ビザンツ皇帝を首長とする独自のギリシア正教会を発展**させ, ギリシア正教圏を東ヨーロッパに広げました→P.172。ビザンツ帝国が15世紀半ばまで存続したのに対し, **西ローマ帝国は早くも5世紀後半に滅亡し, 西ヨー**

> **ひとこと**
>
> **ビザンツ帝国**
>
> 東ローマ帝国の別称で, 都のコンスタンティノープルの前身であるギリシア人植民市ビザンティオン（ビザンティウム）の名にちなみます。ただし, いつからビザンツ帝国と呼ぶべきかについては諸説あり, 帝国領が縮小してギリシア人の国家へと変容した7世紀以降を指す場合もあります。

ロッパでは, ゲルマン人国家とローマ＝カトリック教会が結びついた新たな世界が形成されていきます。同時に, 民族移動など長期の激動のなかで, 都市や商業は衰え, 王権も弱体化し, **封建的主従関係（封建制）と荘園制からなる新しい社会秩序（封建社会）**が生まれました→P.173。

東ヨーロッパと西ヨーロッパのそれぞれの地域の特徴が，この時期に明確になっていくのですね。

そのとおりです。この時期は，ヨーロッパに限らず各地域で，古代文明を継承しつつも，新しい理念や制度に基づく社会が形づくられ，それが今日の各地域の特質にもつながるのです。

古代のオリエント世界に代わって，7世紀に西アジアに出現した**イスラーム世界**は，その後，西はアフリカ・イベリア半島，東は東南アジアにまで拡大しました →P.163 。各地の古代文明を継承・発展させながらも，**イスラーム教**を核とする普遍的（ふへんてき）な文明を形成し，**ムスリム商人の活躍とアラビア語・イスラーム法**によって，広大な地域を一つの世界としてまとめました →P.161 。

中国では，没落（ぼつらく）した貴族に代わって台頭した**地主層**（じぬし）から，**宋代以降，科挙**（かきょ）による**官僚**（かんりょう）が**輩出**（はいしゅつ）され，**儒学**（じゅがく）を学んだ**士大夫**（したいふ）として政治・社会・文化の新たな担い手となりました →P.149 。そして，13世紀に**モンゴル帝国**がユーラシアの大部分を支配すると，**東アジア・東南アジア，イスラーム世界，ヨーロッパが陸路・海路でつながる巨大交易圏**が登場します →P.151 。

中世の西ヨーロッパは，商業が衰えたのですよね。モンゴル時代の東西交易には関わらなかったのですか。

西ヨーロッパでは，11世紀頃から商業がさかんになり，遠隔（えんかく）地貿易も発達しました。たとえば，北イタリア諸都市が地中海で行った東方貿易（とうほう） →P.175 は，モンゴル時代の交易網の一端（たん）に位置づけられます。

中世におけるこうした**諸地域間の大規模な交流**が，続く**近世に始まる「世界の一体化」** →P.183 **を準備**することになるのです。

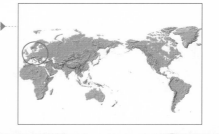

第5章 中世ヨーロッパ世界

キーワード ビザンツ帝国 スラヴ人
ゲルマン人 フランク王国 封建社会

Q20 中世のヨーロッパでは,どのような
国家がつくられたのですか？

A

- 東ヨーロッパ：ビザンツ帝国が中心的存在で,ギリシ
  ア正教会が発展した。スラヴ人国家も成立。
- 西ヨーロッパ：ゲルマン人やノルマン人が各地に建国
  したが,封建社会で王権が弱く地方分権的。ローマ＝
  カトリック教会が支配的であった。

ローマ帝国は,**4世紀末にテオドシウス帝が死去すると東西に分裂**しまし
た。以後,東ヨーロッパと西ヨーロッパは別々の道を歩み始めます。

ビザンツ帝国（東ローマ帝国）は,ローマ帝国から中央集権的な官僚機構
や古典文化を継承し,都市・商業が繁栄を続けました。7世紀以降,領土を
縮小させるなかで,**ギリシア語が公用語**となり,**コンスタンティノープル教
会*1を中心とする独自のギリシア正教会が発展**していきました。

中世の東ヨーロッパに存在した国は,ビザンツ帝国だけです
か。

いいえ。スラヴ人や彼らと同化した人々の国が建国されまし
た。そのうち,キエフ公国・ブルガリア帝国・セルビア王国
などはギリシア正教を,ポーランド王国・ベーメン（ボヘミ
ア）王国などは,ローマ＝カトリックを受容しました。

西ヨーロッパでは，**西ローマ帝国が5世紀後半に滅亡**すると，**ゲルマン人の諸国家が分立**しました。そのなかから**フランク王国**が台頭し，西ヨーロッパの主要部を統一した**カール大帝**は，ローマ教会の政治的保護者として**教皇***2からローマ皇帝の帝冠を与えられました。これを機に，**教皇を最高の権威とするローマ＝カトリック*3教会**が支配的な西ヨーロッパ世界が形成されていき，**ラテン語**が教会・学術の共通語となりました。

カール大帝死後の9世紀に**フランク王国は3分され，のちのドイツ・フランス・イタリアの原形**ができましたが，いずれも王権は弱体でした。そして，外部勢力の侵入も激化します。なかでも**ノルマン人**が，原住地の北欧からイングランドや北フランス・南イタリア，そしてスラヴ人地域に進出して建国したことで，ヨーロッパの再編が促されました。

以上のような長い混乱期に，西ヨーロッパでは，都市や商業が衰退し，**荘園を基盤とする自給自足的な農業社会へ移行**しました。同時に，外敵から身を守るため，**主君が家臣に封土（領地）を与えて保護するかわりに，家臣は主君に忠誠と軍事的奉仕の義務を負う封建的主従関係**が形成されました。こうした**封建社会**では，国王の権力は直接の家臣にしか及ばず，多くの**騎士**を家臣としてもつ**諸侯**が自立し，地方分権的でした。

ポイント	ビザンツ帝国	西ヨーロッパ	
	中央集権的	地方分権的…封建的主従関係の発達	封建社会
	都市・商業が繁栄	都市・商業が衰退…自給自足的な荘園	
	ギリシア語が公用語	ラテン語が教会・学術の共通語	
	ギリシア正教会	ローマ＝カトリック教会	

*1　ローマ帝国末期から重要になったキリスト教会のうち，とくにコンスタンティノープル教会とローマ教会が最有力となり，首位権を争った。
*2　ローマ市の司教。イエスの筆頭弟子ペテロの後継者を称し，全教会の上に立つ存在と主張。
*3　カトリックとは，「普遍的」を意味し，キリスト教正統派のアタナシウス派のこと。

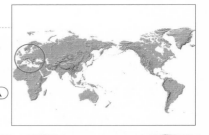

第5章　中世ヨーロッパ世界

キーワード　十字軍　三圃制　イェルサレム
遠隔地貿易　12世紀ルネサンス

Q21 十字軍は，西ヨーロッパ世界にどのような変化を与えたのですか？

A
- 十字軍の失敗で，教皇権が衰退。
- 諸侯・騎士が没落し，王権が伸張した。
- 東方貿易など遠隔地貿易が発達。ビザンツ文化・イスラーム文化の流入で文化が興隆。

　西ヨーロッパでは，11世紀頃から**気候の温暖化**に加え，**三圃制***1や**重量有輪犂**の普及など農業技術の改良によって，**農業生産力が高まり，人口が増加**し，封建社会が安定しました。さらに，余剰生産物の交換が活発になって**都市や商業が発達**し，**貨幣経済**が広がりました。

　こうした状況を背景に，**西ヨーロッパ世界は内外に拡大**し始めました。具体的には，イベリア半島をイスラーム教徒から奪回する**国土回復運動（レコンキスタ）**の本格化や，**イスラーム教徒の支配下にある聖地イェルサレムの回復を目指す十字軍**，聖地への**巡礼の流行**，エルベ川以東のスラヴ人地域へのドイツ人の入植運動（**東方植民**）などの動きです。

これらの西ヨーロッパ世界の拡大の動きは，宗教と結びついているのですね。

この時期にローマ＝カトリック教会は，教皇を中心とした教会改革などでいっそう権威を高め，人々の間にキリスト教が浸透して宗教的情熱が強まっていたのです。

なかでも，西ヨーロッパの歴史に大きな影響を与えたのが十字軍です。十字軍は，11世紀末に教皇**ウルバヌス2世**が**クレルモン宗教会議**で提唱し，**第1回十字軍**が聖地を回復して**イェルサレム王国**を建てました。しかし，12世紀後半に**アイユーブ朝**[*2]の建国者**サラーフ=アッディーン（サラディン）**がイェルサレムを占領し，それに対する**第3回十字軍**も失敗しました。その後の十字軍も成功せず，13世紀末に終わりを迎えました。

十字軍の失敗により，提唱者である**教皇の威信が動揺**し，参加した多くの**諸侯・騎士も疲弊**しました。一方，遠征を指揮した**国王の権威は高まり**，没落した諸侯・騎士の所領を奪って権力を伸ばしました。また，十字軍を機に交通が発達して**遠隔地貿易**がさかんになり，地中海では，**ヴェネツィア**など北イタリア都市がビザンツ帝国やイスラーム世界との**東方貿易**（**レヴァント貿易**）で繁栄しました。そのさい，古典文化やイスラーム科学なども流入して文化が刺激され，**12世紀ルネサンス**やその後の**ルネサンス**[→P.180]の一因となりました。

> **ひとこと**
>
> **12世紀ルネサンス**
>
> ビザンツ帝国は，ギリシア・ローマの古典文化を継承しましたが[→P.172]，イスラーム世界も，アリストテレス哲学などをアラビア語に翻訳して取り入れました。それらの世界で保存されていた古典文化などを，西ヨーロッパ世界は，12世紀にギリシア語やアラビア語からラテン語に翻訳して吸収したのです。その結果，スコラ学[→P.127]の大成など西ヨーロッパの学問が大いに発展し，これを12世紀ルネサンスと呼びます。

王権が弱い分，教会や教皇が絶大な力をもったのが中世西ヨーロッパの特徴だったのに，王権が伸張して教皇権が後退すれば，中世ではなくなりますよね。

そうですね。商業や交易の発達で，自給自足的な**荘園制**[→P.173]も崩れていきます。十字軍の結果，封建社会が揺らぎ始めたといえるでしょう。

*1　耕地を秋耕地・春耕地・休耕地に3分し，年ごとに順次利用して3年で一巡する農法。
*2　サラディンがカイロを都としてエジプトに建てたスンナ派イスラーム王朝（1169～1250）。

BC1000 BC500 1 500 1000 1500 2000

第5章 中世ヨーロッパ世界

キーワード （農奴解放）（黒死病（ペスト））

（教会大分裂（大シスマ））（百年戦争）（国土回復運動）

Q22 中世の西ヨーロッパ社会は，どのように近世の社会に変化したのですか？

A

- 農奴解放の進展などで，諸侯・騎士が没落して封建社会が衰退。教会・教皇の権威も失墜。
- 教会批判は宗教改革へ，王権の強化は主権国家や海外進出へつながる。

　西ヨーロッパの封建社会において，**諸侯や騎士**は，主君から与えられた領地（封土）を**荘園**として経営し，そこに住む農民を支配する**領主**でもありました。**農民の多くは，領主に隷属する農奴**で，

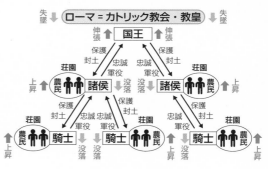

▲封建社会の衰退

地代だけでなく様々な税を課されました。しかし，農業生産の増大と**貨幣経済の普及 →P.174** を背景に，**14世紀頃から，生産物を市場で売って貨幣を蓄え，領主に解放金を支払って農奴の身分から解放される農民が現れた**のです。

　同時に，14世紀は**気候が寒冷化**し，凶作や飢饉に見舞われたうえ，モンゴルの交通路 →P.151 を経由してもたらされた**黒死病（ペスト）の大流行**や，あいつぐ戦乱によって，西ヨーロッパでは**人口が激減**しました。深刻な労働力

不足に直面した領主は，**荘園での労働力確保をはかって農民の待遇を改善し**たため，いっそう**農奴解放**が進んだのです。一方，領主層の諸侯・騎士は経済的に困窮し，また，戦争では大砲・小銃など火砲を用いる歩兵が主力となったため，戦力としても騎士の役割は失われました。

没落した諸侯や騎士は，その後どうなったのですか。

国王に仕える役人になるなど，王権に取り込まれていきました。軍事的性格を失って地主化した者も多く，イギリスでは騎士がジェントリ（郷紳）として地方行政で活躍します。

中世に普遍的権威として君臨したローマ＝カトリック教会も，影響力を後退させます。14世紀以降，教皇がフランス王と争って捕らえられる事件（**アナーニ事件**）や，教皇庁の南フランスへの移転（「**教皇のバビロン捕囚**」），さらに教皇が複数並び立つ**教会大分裂（大シスマ）**といった，**教皇と教会の権威を失墜**させる出来事が続きました。それに対する教会批判も表面化し，**近世の宗教改革** →P.181 につながっていくのです。

諸侯・騎士の没落と教皇権の衰退は，王権の強化を促しました。とくに，**百年戦争**[*1] などで諸侯・騎士が打撃を受けたイギリスとフランスでは，**国王が領土を画定しながら中央集権化**を推し進め，やがて**近世の主権国家** →P.184 **へ移行**します。また，**国土回復運動** →P.174 を経て統一を果たしたポルトガル・スペインは，強化された王権のもとで**積極的に海外に乗り出し，近世の「世界の一体化」** →P.183 を先導します。

*1 フランス王位継承権や毛織物産地のフランドル地方の領有などをめぐって開戦した，イギリスとフランスの戦争（1337/39～1453）。最終的にフランスが勝利した。

第6章 近世ヨーロッパ世界

キーワード　近世　「世界の一体化」

主権国家

Q23 世界史でいう近世とはどういう時代ですか？

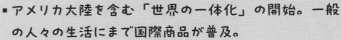

A

■アメリカ大陸を含む「世界の一体化」の開始。一般の人々の生活にまで国際商品が普及。

■交易（こうえき）による世界的変動で、各地域が再編。各国の中央集権化が進み、西ヨーロッパでは主権国家が成立、アジアでは大帝国が繁栄（はんえい）。

　近世は、中世と近代の間の時代で、おおよそ16世紀から18世紀までの約300年間にあたります。この時代の重要な特徴としては、**ヨーロッパ人の海洋進出が本格化し**→P.182、それまでユーラシア大陸とほとんど交流をもたなかった**アメリカ大陸が世界的な交易ネットワークに組み込まれた**ことでした。中世は、ユーラシア規模で諸地域間の交流がさかんになった時期でしたが→P.171、**近世は、その交流が地球規模に拡大して、諸大陸が海上交易で密接に結びつき、「世界の一体化」（グローバル化）が始まった時期**ということができます。

　そして、この時期には、交易の範囲が広がっただけでなく、交易の規模も格段に大きくなった結果、**銀や香辛料（こうしんりょう）・砂糖・綿織物（めんおりもの）などが国際商品**として、上流階級だけでなく**一般の人々の生活にまで普及**していきました。以上のような大変動に直面した世界の諸地域は、それぞれ再編を迫られることになったのです。

ヨーロッパ人の海外進出が，近世の幕開けとなったということですか。

そのように理解することもできるでしょう。ただ，この時期のヨーロッパ人は，大西洋地域は支配下に収めましたが →P.183, 191，アジアでは既存の交易網に参入する一勢力にすぎず，近世の主役とまでは言い切れません。

交易の利益をめぐる激しい競争を有利にする目的などから，各地で国家を単位としたまとまりが強化されるようになりました。**西ヨーロッパでは，各国の中央集権化が進み，明確な領土と主権をもつ主権国家が生まれ，主権国家が並び立つ国際秩序（主権国家体制）が成立**します →P.184。各国は，宗教や言語などの統一によって政治的統一もはかろうとしたため，国ごとに文化的・宗教的特徴がつくられていきました。

国家対等の原則に基づく主権国家体制のもとで一国の強大化を阻む外交が展開されたヨーロッパとは対照的に，**アジアでは，オスマン帝国，ムガル帝国，明・清などの大帝国が繁栄し** →P.152, 164，周辺の小国を従えていました。これらの大帝国でも中央集権的な統治体制が築かれましたが，領域内に多数の民族を抱えるため，文化的・宗教的な多様性を認めることで，長期にわたる安定した支配を実現したのです。

なるほど。近世はまだ，諸地域の独自性も強く，世界の国々が政治や経済の仕組みを同じくしていたわけではないのですね。

そういうことです。ヨーロッパで生み出された主権国家や工業社会が世界を覆うのは，続く近代でしたね →P.40, 43。

第6章 近世ヨーロッパ世界

キーワード ルネサンス 宗教改革

人文主義（ヒューマニズム） プロテスタント（新教） 主権国家

Q24 ルネサンスや宗教改革で，西ヨーロッパはどのように変化したのですか？

A
- ルネサンスの人文主義は，中世のローマ＝カトリック教会中心の世界観を打破。
- 宗教改革は，キリスト教世界の一体性を崩す。
- 普遍的権威の衰退で，主権国家の形成が進展。

教会大分裂や黒死病の大流行などの危機に直面した中世末期の西ヨーロッパ〔→P.176, 177〕では，従来のローマ＝カトリック教会中心の世界観を脱却して，人間性を重視する新しい価値観が模索されるようになりました。

その際に理想とされたのが，**人間を生き生きと表現した古代ギリシア・ローマの文化**だったのです。こうした古典文化の復興に努めた文化運動を**ルネサンス**（「再生」の意味）と呼び，人間を中心に据えた思想，すなわち**人文主義（ヒューマニズム）**が基本精神となりました。

文学では，ルネサンスの先駆者である**ダンテ**が，イタリアのトスカナ地方の口語で『**神曲**』を著したように，中世の教会・学術の共通語であるラテン語〔→P.173〕ではなく，**各国語が用いられる**ことが多くなりました。絵画・彫刻では，キリスト教以外を主題とする作品も多く生み出されました。また，**合理的思考によって科学や技術も発達**し，天体観測に基づいて**地動説**[*1]が唱えられ，教会が支持する天動説は動揺しました。

ルネサンスの文化運動が，教会を批判する宗教改革につながっていくのですね。そのほかには，どのような影響があったのでしょうか。

たとえば，技術面では，ルネサンス期に火薬と羅針盤が実用化されました。火薬を使用した火砲が封建社会の衰退の一因となり →P.177，羅針盤が大航海時代 →P.182 の一因となるなど，やはり新しい時代の到来に寄与しています。

ローマ＝カトリック教会への批判と教会刷新の運動は，すでに14世紀頃から表面化していました →P.177。16世紀前半にドイツの神学者**マルティン＝ルター**が，**信仰の基礎を聖書のみ**に置く立場から，教皇と教会の権威を否定すると，大きな反響を呼び，**宗教改革**が始まります。スイスでは，**カルヴァン**が宗教改革を進め，イギリスでは国王**ヘンリ8世**が**イギリス国教会**を成立させました。15世紀に改良された**活版印刷術**も，印刷物による新しい思想の普及を促し，宗教改革を後押ししたのです。宗教改革によって**ローマ＝カトリック教会（旧教）から分離したキリスト教の改革諸派を，プロテスタント（新教）**と総称します。

プロテスタントの宗教改革に対して，ローマ＝カトリック教会はどう対応したのですか。

教会の立て直しを強化して対抗し，その一環としてイエズス会が海外布教を始めています。こうしてプロテスタントとの対立は激化し，しばしば宗教戦争に発展しました。

宗教改革は，西ヨーロッパのキリスト教世界の一体性を崩す結果となりました。国家の上に君臨する普遍的な権威が衰退したことで，他者の介入を排除した独立性をもつ**主権国家**の形成が進んでいくのです →P.184。

*1　太陽を中心に，その周りを地球などが回っているとする説。これに対し，地球が宇宙の中心で，他の天体が地球の周りを回っているとするのが天動説。

BC1000　BC500　1　500　1000　1500　2000

第6章 〉 近世ヨーロッパ世界

キーワード 大航海時代（大交易時代） 香辛料

アメリカ大陸 銀 「世界の一体化」

Q25 ヨーロッパの海洋進出（大航海時代）は，世界にどのような影響を与えたのですか？

A

- 「世界の一体化」の始まり。
- 西ヨーロッパ：経済的先進地域となる。東ヨーロッパを穀物の供給地，アメリカ大陸を銀の供給地，アフリカを黒人奴隷の供給地とする。
- アジア：大量の銀の流入で繁栄。

中世後期のヨーロッパでは，香辛料をはじめとするアジアの交易品への需要が高まりました。しかし，それらはムスリム商人を介して輸入されるため非常に高価でした。そこで，**アジアの物産を直接入手しようとする動機などから，ヨーロッパ人の海洋進出（大航海時代）が始まったの**です。

ひとこと

大航海時代

大航海時代とは，ヨーロッパ人が新航路を開拓して世界各地に進出した時代を指します。しかし，これはヨーロッパ人の活動に重点を置いた呼称で，アジアにおいては，それ以前から築かれてきた交易ネットワークにヨーロッパ諸国が参入したにすぎません。そのため，世界規模で国際交易が発展した15〜17世紀を，**大交易時代**と呼ぶことも多くなっています。

　その先頭を切ったのがポルトガルとスペインです。ポルトガルは，アフリカ南端をまわってアジアに直接至る**インド航路**を開きました。**スペインは，アジアを目指す途上で，それまでヨーロッパ人に知られていなかったアメリカ大陸に到達**しました。さらにその後，世界周航を達成しています。

ヨーロッパでは，新航路の開拓によって，地中海の東方貿易^{とうほう}→P.175 が衰え，**国際商業の中心地が大西洋沿岸の国や都市に移りました（商業革命）**。また，**スペインがアメリカ大陸で採掘した大量の銀が流入し，激しい物価上昇（価格革命）**が起こりました。これは，**西ヨーロッパで毛織物業^{けおりものぎょう}などの商工業を活発化**させました。一方，東ヨーロッパでは，経済的先進地域の西ヨーロッパから毛織物などを輸入して，穀物や原材料を輸出するようになります。**輸出用穀物を生産するための農場領主制^{のうじょうりょうしゅ}（グーツヘルシャフト）が広がり，領主が農奴^{のうど}制を強化して大農場を経営**しました。

西ヨーロッパでは農奴解放が進んでいった→P.176 のに，逆に東ヨーロッパではこの時期に農奴制が強化されたのですか。

そういうことです。なお，西ヨーロッパの物価上昇は，固定額の地代^{ちだい}収入に依存していた領主層に打撃を与え，封建社^{ほうけん}会の崩壊^{ほうかい}を加速させることにもなりました。

アジア交易に参入したヨーロッパ人は，**東南アジアの香辛料**だけでなく，**中国の絹織物^{きぬおりもの}(生糸^{きいと})・陶磁器^{とうじき}，インドの綿布^{めんぷ}**など大量の物産を買い付けました。その対価として**アジアには膨大^{ぼうだい}な量の銀が流入**し，いっそう商工業が隆盛しました。しかし，その銀の多くは，スペイン人が征服^{せいふく}したアメリカ大陸で，先住民（インディオ）の文明を破壊し，彼らを酷使^{こくし}して採掘させたものだったのです。そして，鉱山や大農園での過酷な労働とヨーロッパから持ち込まれた伝染病によって，**先住民の人口が激減すると，新たな労働力としてアフリカから黒人奴隷が導入**されました。

このように，16世紀に本格化するヨーロッパの海洋進出によって，大量の銀が世界に供給され，**アメリカ大陸を含む世界の諸地域が密接に結びつく「世界の一体化」**が始まりました。それは，西ヨーロッパが，他の地域をみずからの経済構造に組み込んでいく歴史の始まりでもあったのです。

第6章 近世ヨーロッパ世界

キーワード （主権国家） （主権国家体制）

（アウクスブルクの和議） （イタリア戦争） （カール5世）

Q26 主権国家体制とは何ですか？どのように成立したのですか？

A

- 主権国家体制とは，明確な領土と主権をもつ主権国家が並存する国際秩序。
- 宗教改革期に，各国が普遍的権威を排除し，宗教・教会を支配下に置いて国内の統合を強化。
- イタリア戦争中，各国が自国の利益を優先して競合しつつ，主権を承認し合う外交を展開。

西ヨーロッパで，中世末期以降，教皇や皇帝（神聖ローマ皇帝）といった超越的な権威が衰えていくなか，各国は，国境を画定しながら領域内の統一と集権化を進め，**内外のいかなる勢力からも干渉されずに国家を運営する権限（主権）**を主張するようになります。**明確な国境に囲まれた領土と確立した主権を有する近代国家を主権国家**といい，主権国家が並存する国際秩序が**主権国家体制**です。この新しい国家や国際関係の成立の大きなきっかけとなったのが，**宗教改革**と**イタリア戦争**でした。

ひとこと

神聖ローマ帝国

フランク王国が3分されて（→P.173）成立した国の一つである東フランク王国（ドイツ）では，10世紀にオットー1世が教皇からローマ皇帝の帝冠を与えられました。以後，ドイツ王がローマ皇帝位を継承し，やがてその国は神聖ローマ帝国と称されるようになります。神聖ローマ皇帝は，理念的にはローマ＝カトリック教会の守護者であり，教皇とともに普遍的権威としてヨーロッパに君臨する存在でした。しかし，帝国内では諸侯が自立して政治的分裂が進み，皇帝権は弱体でした。

宗教改革によって，ドイツ（神聖ローマ帝国）では，ルター派の諸侯とカトリックの皇帝との対立が深まりました。両者は，**アウクスブルクの和議**で妥協し，**諸侯は自身の領邦**[*1]**の宗教としてカトリックかルター派かを選ぶ権利**を得ました。イギリスでは，**イギリス国王を首長とするイギリス国教会**が成立しました→P.181。このように，宗教改革の過程で，**各国の君主が，教皇や皇帝などの普遍的権威を排除し，宗教や教会を支配下に置いて国内の統合を強化したため，主権国家の形成が進んだ**のです。

イタリア戦争[*2]は，**16世紀前半にフランス王フランソワ1世と神聖ローマ皇帝カール5世との間で激化**しました。**ハプスブルク家**[*3]出身のカール5世は，スペイン王なども兼ねており，ハプスブルク家の強大化を恐れたイタリア諸都市・イギリス・オスマン帝国などがフランス側につくことがありました。この戦争中，**各国は，競合しながらも，たがいの主権を認め合い，一国が強大になりすぎないように外交と戦争を展開したので，主権国家と主権国家体制が形成**されていきました。こうしたヨーロッパの主権国家体制は，17世紀半ばの**ウェストファリア条約**で確立します→P.188。

オスマン帝国はイスラーム教国ですよね。それなのに，イタリア戦争でフランスは，異教のオスマン帝国と組んで，同じキリスト教のハプスブルク家と戦ったのですか。

各国は，自国の利益のために，異なる宗派や宗教の国とも手を結びました。つまり，外部の干渉を受けることなく自らの意思決定権をもつ主権国家として行動しているのです。

主権国家の形成期である16〜18世紀に，国家の意思決定権をもったのは君主のみでした。その際，君主が絶対者として強力に支配する**絶対王政**→P.43の国家が多く現れました。

*1 神聖ローマ帝国における諸侯の領土。独立性が高く，領邦ごとに集権化が進められた。
*2 イタリアにおける覇権をめぐって，フランスと神聖ローマ帝国が争った戦争（1494〜1559）。
*3 オーストリアの名門。15世紀から神聖ローマ皇帝の位を世襲した。

第6章 近世ヨーロッパ世界

キーワード 香辛料貿易 名誉革命

立憲君主政 ルイ14世 絶対王政

Q27 近世にオランダ・イギリス・フランスはどのように台頭したのですか？

A
- **オランダ**：香辛料貿易を独占，全世界に貿易網を構築。
- **イギリス**：ピューリタン革命・名誉革命を経て立憲君主政が確立。オランダと対立後に提携。
- **フランス**：議会の停止，重商主義政策の推進，常備軍の増強などにより，絶対王政の最盛期。

オランダ（ネーデルラント連邦共和国）は，17世紀初めにスペインから事実上独立すると，海外進出を本格化させました。東南アジアでは，**アンボイナ事件**でイギリスを排除して**香辛料貿易を独占**し，東アジアの交易に参入して，**日本とは「鎖国」後も交易**を続けました。また，北アメリカに植民地を築き，大西洋の奴隷貿易 →P.191 にも加わりました。こうして**オランダは全世界に貿易網**をはりめぐらせ，その中心都市**アムステルダムは国際商業・金融の中心都市**として繁栄したのです。

イギリスでは，16世紀には議会の支持を背景にテューダー朝の国王が宗教改革 →P.181 を進めましたが，17世紀に成立した**ステュアート朝**の国王は議会を軽視しました。そのため，**ピューリタン革命**[*1]**が起こり，チャールズ1世が処刑されて共和政**が始まります。共和政期のイギリスは，重商主義[*2]政策をとって**オランダの中継貿易**を妨害し，その後のオランダとの戦争（**イギリス＝オランダ（英蘭）戦争**）も優位に進めました。

宗教改革でイギリス国教会の体制が確立しても，議会内ではピューリタンの勢力も強かったのですね。

はい。しかし，イギリスではその後，王政復古でステュアート朝が復活すると，議会は国教会を重視するようになります。審査法では公職就任者を国教徒に限定しました。

17世紀のフランスでは，ブルボン朝のもとで王権が強化されて**議会（三部会）**が停止され，**ルイ14世**の時代に**絶対王政**の**最盛期**を迎えます。ルイ14世は，**コルベール**を財務総監に登用して**重商主義**政策で財政の充実をはかるとともに，**常備軍**を増強して周辺諸国と戦争を繰り返しました。

イギリスでは，**王政復古後**，**ジェームズ2世**がカトリックと専制政治の復活を目指しました。反発した議会が，ジェームズ2世の娘メアリとその夫でオランダ総督のウィレムを招いたため，ジェームズ2世は亡命しました。ウィレム夫妻は**ウィリアム3世・メアリ2世**として即位し，**議会が王権に優越することを明確にした権利の章典**の制定に同意します。この政変を**名誉革命**といい，**議会が政治を主導する立憲君主政***3 が**確立**したのです。

共和政期のイギリスは，オランダと対立して戦争を始めましたよね。でも，名誉革命の際にはオランダから国王を迎えた背景には，どのような対外政策の変化があったのですか。

イギリス＝オランダ戦争を経てオランダが商業覇権を後退させると，イギリスは，旧教国フランスの強大化を阻むことを重視して，同じ新教国のオランダと組んだのです。

---

*1　ピューリタンは，イギリスのカルヴァン派の呼称。王党派（国王支持派）と戦った議会派（議会支持派）のなかにピューリタンが多かったので，ピューリタン革命という。

*2　国家が積極的に経済に介入して，国家財政の増大を目指すこと。そのために，貨幣や金銀の獲得，輸出の振興，国内産業の保護・育成，植民地の獲得などが国家主導で行われた。

*3　君主の権力が憲法などによって制限されている君主政。

| BC1000 | BC500 | 1 | 500 | 1000 | 1500 | 2000 |

第6章 近世ヨーロッパ世界

キーワード 三十年戦争 啓蒙専制君主

フリードリヒ2世 ヨーゼフ2世 エカチェリーナ2世

Q28 近世のドイツやロシアにはどのような国家が台頭したのですか？

A

- プロイセン：三十年戦争後に急成長。
- オーストリア：ハンガリー獲得で勢力回復。
- ロシア：北方戦争でバルト海の覇権を掌握。
- これら3国では，市民層が未成長なため，啓蒙専制君主が主導して近代化・富国強兵を推進。

東ヨーロッパでは，18世紀になると**プロイセン・オーストリア・ロシア**の3国が台頭し，西ヨーロッパとは違う形で主権国家の形成が進みます。

東ヨーロッパで，この3国が同時期に台頭して，特色ある国家を形成した背景には，何か共通する事情があったのでしょうか。

16世紀頃から東ヨーロッパでは，西ヨーロッパ向けの穀物生産のため農場領主制が発達していましたね→P.183。農奴制が残り，商工業の担い手となる市民層が未成長だったため，君主主導で近代化改革を行う必要がありました。

ドイツ（神聖ローマ帝国）は，17世紀前半の**三十年戦争**の戦場となって荒廃しました。さらに，講和条約の**ウェストファリア条約**で，**ドイツの各諸侯の領邦**→P.185に主権が認められて，**神聖ローマ帝国は事実上解体**し，ドイツの政治的分裂が決定的になりました。

そのドイツで急速に力をつけたのが新興国プロイセンで、18世紀に**王国に昇格**しました。**啓蒙思想**[*1]の影響を受けた**フリードリヒ２世（大王）**は、農民の保護や産業の育成、宗教的寛容などの改革で国力の増強に努め、オーストリアとの戦争で資源豊富な**シュレジエン**を得ています。このように、**啓蒙思想を利用して近代化と富国強兵を目指した後発国の専制君主を、啓蒙専制君主**と呼びます。

ドイツのもう一つの有力国オーストリアは、**神聖ローマ皇帝位を世襲するハプスブルク家**[→P.185]の所領です。三十年戦争で神聖ローマ帝国は有名無実化しましたが、オーストリアは17世紀末に**オスマン帝国からハンガリーを獲得**するなど勢力を回復しました。プロイセンにシュレジエンを奪われた後は、**ヨーゼフ２世**が啓蒙専制君主として改革を試みました。

ロシアでは、**ロマノフ朝のピョートル１世（大帝）**が西ヨーロッパの先進的な軍事技術や学問を積極的に導入し、18世紀には**北方戦争でスウェーデンを破って**バルト海の覇権を握ります。その後は、**啓蒙専制君主のエカチェリーナ２世**が内政改革を進めましたが、**プガチョフの農民反乱**を鎮圧すると農奴制を強化しました。また、オスマン帝国と戦って**クリミア半島を獲得**したほか、**ポーランド分割**[*2]に参加するなど領土を拡大しました。

[*1] 理性を絶対視し、迷信や偏見を打破して合理的思考を重視する態度。18世紀のフランスでさかんになり、カトリック教会や絶対王政を批判し、フランス革命の思想的論拠ともなった。
[*2] 18世紀後半にロシア・プロイセン・オーストリアの3国が、弱体化したポーランドの領土を分割して奪ったこと。これにより、ポーランド王国は消滅した。

第6章 近世ヨーロッパ世界

キーワード 産業革命 七年戦争

大西洋三角貿易 綿織物（綿布）

Q29 産業革命はどうしてイギリスで始まったのですか？

A
- ヨーロッパでの人気と黒人奴隷貿易によって綿織物の需要が高まり，その国産化の動きが強まったため。
- 国内産業や交易などの利益が資本に，植民地戦争で得た植民地が市場となったため。

名誉革命を機にイギリスはオランダと組んで，フランスに対抗したのですよね →P.187 。その後は，イギリスとフランスが覇権争いをするのですか。

はい。イギリスとフランスは，約1世紀にわたり，植民地や商業の主導権をめぐって世界を舞台に戦います。勝利したイギリスが，世界初の産業革命 →P.44 を達成するのです。

　重商主義政策 →P.187 をとるイギリスとフランスは，北アメリカや西インド諸島で，**自国製品の市場や商品作物の生産地となる植民地の獲得**を競いました。アジアでは，**ヨーロッパで人気のあるインドの**綿織物（綿布）を求め，インド各地に拠点を設けて活発な交易活動を行いました。

　両国の対立は，18世紀にいっそう激化し，**七年戦争** *1と並行して，北アメリカやインドでも戦います。一連の戦いに**勝利したイギリスは，フランスに対する優位を決定づける**とともに，北アメリカではカナダなどをフランスか

ら獲得し，**インドでも植民地化のきっかけ**をつくりました。こうして，イギリスが世界各地に植民地を確保して交易網を拡大したのです。

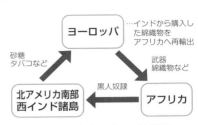

▲大西洋三角貿易（17〜18世紀）

同時に，イギリスとフランスは，17世紀以降，**大西洋での三角貿易**も積極に展開していました。これは，**ヨーロッパから武器や綿織物をアフリカに輸出**して，そこで購入した**黒人奴隷を西インド諸島や北アメリカ南部に送り**，彼らをプランテーション（大農園）の労働力として生産した**砂糖やタバコなどをヨーロッパで売りさばく**もので，両国に巨大な富をもたらしました。この貿易によって，**黒人奴隷の代価となる綿織物の需要はさらに高まり**，その産地インドへの進出が促されただけでなく，**イギリスでは綿織物の国産化が追求**されるようになりました。

なるほど。だから，イギリスの産業革命は，伝統的な毛織物（けおりもの）工業ではなく，綿工業から始まったのですね。

そのとおりです。もちろん，毛織物工業によって蓄積（ちくせき）されてきた利益や技術も産業革命の重要な背景となっています。

イギリスが**国内産業や交易などによって手に入れた莫大（ばくだい）な利益**は，**綿工業の技術革新のための資本**となりました。**植民地戦争で獲得した広大な植民地は，機械で大量生産されたイギリス製品を販売する市場**として機能しました。また，国内では，農業生産が飛躍（ひやく）的に向上し（**農業革命**），急増する工場労働者や都市人口を支えました。こうして，**工業化による農業社会から工業社会への移行（産業革命）**を，いち早く実現できたのです。

*1　オーストリアがシュレジエンを奪還（だっかん）するためプロイセンと戦った戦争（1756〜63）。イギリスはプロイセン側，フランスはオーストリア側につき，植民地でも戦った。

実際の共通テスト問題を見てみよう

14世紀のヨーロッパ社会に関する問題例です。

（2021年 共通テスト 世界史B（第1日程））

文学者やジャーナリストの作品について述べた次の文章を読み，後の問いに答えよ。

次の資料は，『デカメロン』の一部である。

時は主の御生誕1348年のことでございました。イタリアのいかなる都市に比べてもこよなく高貴な都市国家フィレンツェにあの　**ア**　が発生いたしました。（中略）オリエントでは，鼻から血を出す者はまちがいなく死んだ由でした。しかしフィレンツェでは徴候が違います。発病当初は男も女も股の付け根や腋（わき）の下に腫物ができました。そのぐりぐりのあるものは並みの林檎（りんご）くらいの大きさに，また中には鶏の卵ぐらいの大きさに腫れました。大小多少の違いはあるが，世間はそれをガヴォッチョロと呼びました。

この作品は，　**ア**　の病から避難した人々が都市郊外に集まり，10日間で100話語る形で構成されている。修道士や商人の話などがあり，当時の社会に皮肉を込めつつ，滑稽に描いている。

問　文章中の空欄　**ア**　は当時のヨーロッパに流行した病である。この病の名称**あ・い**と病に関する説明**X〜Z**との組合せとして正しいものを，後の①〜⑥のうちから一つ選べ。

病の名称

あ コレラ

い ペスト（黒死病）

病に関する説明

X 『デカメロン』によれば，この病で亡くなる徴候は，地域や性別を問わず同じ症状であった。

Y 西ヨーロッパでは，この病が一因となり，農民の人口が激減したため，農民の地位向上につながった。

Z 当時，アメリカ大陸からヨーロッパにもたらされた病である。

① あ － X　② あ － Y　③ あ － Z
④ い － X　⑤ い － Y　⑥ い － Z

昔も地域を越えて
大流行する病気が
あったのですね。

流行した時期
にも注目して
みましょう。

コレラやペストの名前は聞いたことはありますが，どんな病気なのかはよく知りません。

病気についての細かい知識は必要ありません。ただ，流行した時期についての基本的な知識は必要です。あとは問題文をしっかり読み取りましょう。

　資料の文章中の空欄にあてはまる病の名称と，病に関する説明として正しいものをそれぞれ選択し，その組合せを答える問題です。

　病の名称から見ていきましょう。

　資料から，この病がフィレンツェで発生したのは「**主の御生誕1348年のこと**」①，すなわち西暦1348年と読み取れますね。

**　ヨーロッパでは，たびたび「い」のペスト（黒死病）が流行し，とくに14世紀の大流行によって西ヨーロッパの人口の約3分の1が失われたとされています。**

　あのコレラは，産業革命で都市化の進んだ19世紀のヨーロッパにおいて，劣悪な生活環境を背景に，繰り返し流行しました。しかし，コレラについては記載のない教科書もあり，共通テストのレベルではやや細かな知識と言えます。

　よって，病の名称として，**い**のペスト（黒死病）と，それが14世紀に大流行したことを覚えておく必要があります。

　次に，病に関する説明の文を確認していきましょう。

　Xには，「**この病で亡くなる徴候は，地域や性別を問わず同じ症状**」③とあります。この内容を資料の文章と比較します。

　資料の3〜4行目には「**オリエントでは，鼻から血を出す者はまちがいなく**」②

死んだ由でした。しかしフィレンツェでは徴候が違います」とあり，一致しません。Xは誤りと判断します。

　続いて，Yを確認します。Yには，「この病が一因となり，農民の人口が激減したため，農民の地位向上につながった」とあり，「農民の人口が激減した」という部分は，さきほど確認したペスト（黒死病）の知識（西ヨーロッパの多くの人口が失われた）と内容的に一致します。

　「農民の地位向上につながった」についてはどうですか？

　農民からの地代などに収入を依存していた封建領主は，人口の激減による労働力不足で経済的に困窮し，農民の待遇改善をはかりました。このことが，農民の地位向上につながったのです。

　ただ，この知識がない場合は，いったん保留にして次のZの確認に進みましょう。

　Zには，「アメリカ大陸からヨーロッパにもたらされた病」とありますが，**ヨーロッパの人々がアメリカ大陸に進出したのは15世紀末以降**なので，14世紀の時点でアメリカ大陸から伝わったとは考えられません。よって，Zは誤りです。

　以上から，X・Zが誤りなので，保留にしていたYがやはり正しいことがわかります。

　したがって，解答は⑤い ― Yとなります。

　このように資料が示された問題では，選択肢の文と資料の文章の対応する箇所を比較検討しながら，解答を導き出していきます。

<table>
<tr><td>第7章</td><td>近代ヨーロッパ・アメリカ世界</td></tr>
</table>

キーワード　13植民地　アメリカ独立宣言

アメリカ合衆国　人民主権　アメリカ独立革命

Q30 独立したアメリカ合衆国は，どのような国だったのですか？

A

- 人民主権による共和政国家を実現。
- 連邦主義と三権分立を採用。
- 白人男性中心の建国。

　北アメリカの東岸には，17世紀から18世紀前半までの間に13のイギリス植民地（**13植民地**）が成立していました。18世紀後半，イギリスは，**七年戦争**には勝利したものの→P.190，**巨額の負債を抱えたため，北アメリカ植民地への課税強化**をはかりました。なかでも**印紙法***1に対しては，**本国議会に議席をもたない植民地側**が，「**代表なくして課税なし**」*2の原則を掲げて激しく抗議しました。印紙法はまもなく撤回されましたが，その後もイギリス本国は，たびたび植民地への課税や統制を試みたため，本国と植民地との対立が深まり，**アメリカ独立戦争**に発展したのです。

「代表なくして課税なし」は，議会を論拠にした主張なのですね。イギリス本国の議会の発達→P.187が，北アメリカ植民地にも影響していたのですね。

北アメリカの各植民地では，本国の議会にならった植民地議会が設置されていました。植民地議会を通して自治制度がつくられ，自立的な気風をもつ人々も多かったのです。

　独立戦争が始まると，植民地側では，**トマス＝ジェファソン**らの起草した

独立宣言が発表されました。独立宣言では，**自然法に基づいてすべての人間の自由や平等**などをうたい，**社会契約説を論拠に抵抗権（革命権）を主張**しました。その後，13植民地は**アメリカ合衆国**という国名を定め，ヨーロッパ諸国の支援を得て戦争に勝利し，最終的にイギリスも独立を承認しました。アメリカ合衆国の独立は，**近代民主主義の基本原理を掲げて共和政国家を実現**し，後のフランス革命などに大きな影響を与えたため，**アメリカ独立革命**とも呼ばれます。

ひとこと

自然法と抵抗権（革命権）

近世ヨーロッパでは，人間が定めた法ではなく，時空を超えて人間に普遍的に妥当する自然法の思想が唱えられ，自然法を根拠に，人間は生まれながらにして自由や平等などの権利（自然権）をもつと考えられました。そして，個々人が自らの自然権を守るため，契約によって社会や国家を形成したとする社会契約説が生まれます。イギリスの思想家ロックは，社会契約に反して自然権を侵害した政府に対し，人々が抵抗・打倒する権利（抵抗権，革命権）を正当化して，アメリカ独立宣言などに影響を与えました。

独立宣言には，すべての人間の自由や平等が明言されているのに，アメリカ合衆国で黒人奴隷制が廃止されるのは，南北戦争 →P.207 後になりますよね。

そうです。建国者が想定していたのは，白人男性の権利のみで，黒人奴隷だけでなく先住民や女性も政治から排除されていました。アメリカ独立革命の限界ともいえますね。

独立後に成立した**アメリカ合衆国憲法**では，**人民主権による共和政**，**自治権をもつ各州を中央政府（連邦政府）が統括する連邦主義**，**立法（連邦議会）・行政（大統領を長とする連邦政府）・司法（最高裁判所）の三権分立**[*3] などが定められました。

*1　北アメリカ植民地の公文書や出版物に，印紙を貼ることを義務づけて課税した法律。
*2　イギリス本国の議会に植民地代表は議席をもたないので，本国は植民地に課税することはできない，すなわち植民地側の同意のない課税は無効であるという意味。
*3　国家権力を立法・行政・司法に3分することで，独裁を防止する仕組み。フランスの啓蒙思想家モンテスキューが『法の精神』で主張した。

第7章 近代ヨーロッパ・アメリカ世界

キーワード フランス革命 国民議会

人権宣言 国民国家

Q 31 フランス革命は，フランスの政治をどのように変化させたのですか？

A

- 国民議会→立法議会→国民公会→総裁政府と移るなか，絶対王政が倒れ，立憲君主政(りっけんくんしゅせい)から共和政へ。
- 身分制が崩壊(ほうかい)し，自由・平等な国民が主権者となる国民国家が登場。

　18世紀後半のフランスには，身分制や古い社会秩序(ちつじょ)が残っていました。**第一身分の聖職者**と**第二身分**の**貴族が免税(めんぜい)特権**をもつ一方，**第三身分の平民**は重い税を負担していたため，平民の大多数を占める貧しい**農民**も，一部の富裕な**ブルジョワ（有産市民）**→P.46 も，不満を抱きました。

　同時に，フランスは深刻な財政危機に直面し，国王**ルイ16世**は，免税特権の廃止を審議(しんぎ)するため，絶対王政下で長く停止されていた議会（**三部会(さんぶかい)**）→P.187 を開催しました。しかし，三部会が紛糾(ふんきゅう)すると，**第三身分の議員は，自分たちこそ真の国民の代表であるとして国民議会を称し，一部の特権身分の議員もこれに合流して，憲法制定に着手**したのです。

　国民議会は，**ラ＝ファイエット**らが起草(きそう)した**人権宣言**を採択し，**人間の自由・平等，国民主権，私有財産の不可侵(ふかしん)など革命の理念**を示しました。そして，**立憲君主政や納税額による制限選挙などを定めた1791年憲法**を制定して，国民議会は解散し，代わって**立法議会**が成立しました。

アメリカ独立革命 →P.197 と同じく，フランスでも人権宣言で人間の自由・平等をうたいながら，実際は制限選挙なのですね。

1791年憲法下では，貧しい民衆や女性には選挙権がありませんでした。ただ，フランスの場合は，改革の徹底を目指す人々によって，ここから革命が急進化していくのです。

立法議会では，**自由主義貴族らを中心とする立憲君主派（フイヤン派）**を抑えて，**ブルジョワに支持された穏健共和派（ジロンド派）**が優勢になります。革命の波及を恐れる周辺諸国との戦争も始まるなか，**王権は停止**されました。そして，新たに男性普通選挙によって成立した**国民公会のもとで，共和政が宣言されます（第一共和政）**。国民公会では，**都市の下層民衆や農民が支持する急進共和派（ジャコバン派［山岳派］）**が台頭し，**ルイ16世を処刑**したのち，反対派を弾圧する**恐怖政治**を展開しました。その後，恐怖政治を打倒した穏健共和派が，**総裁政府**を発足させましたが，**ナポレオン＝ボナパルト**がクーデタで独裁権を握り，フランス革命は終了したのです。

フランス革命によって，**絶対王政や身分制が崩壊**し，農奴制などの封建的な秩序も撤廃されました。人々は革命が進行する過程で，**直接国家と結びつき，同じ国民であるという意識（国民意識）**を形成しました。こうして，**自由・平等で均質的な国民が主権者となる近代国家**，すなわち**国民国家**が登場し →P.48，世界に広がっていくことになります。

ポイント	議会・政府	政治体制	中心的勢力
	国民議会		立憲君主派（フイヤン派）
	立法議会	立憲君主政	立憲君主派（フイヤン派）→ 穏健共和派（ジロンド派）
	国民公会	共和政	急進共和派（ジャコバン派［山岳派］）
	総裁政府	共和政	穏健共和派

第7章 近代ヨーロッパ・アメリカ世界

キーワード 自由主義 ナショナリズム

ウィーン体制 七月革命 二月革命

Q32 ウィーン体制とは何ですか？ どのように崩壊（ほうかい）したのですか？

A

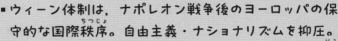

- ウィーン体制は，ナポレオン戦争後のヨーロッパの保守的な国際秩序（ちつじょ）。自由主義・ナショナリズムを抑圧。
- ギリシア・ラテンアメリカ諸国の独立や七月革命で動揺（どうよう）。二月革命の影響を受けた1848年革命のナショナリズム高揚（こうよう）のなかで崩壊。

　フランス革命は，**個人の自由を求める**自由主義と，**国民国家の建設を目指すナショナリズム**（国民主義）→P.48の考えを提示しました。これらは，革命への干渉（かんしょう）をはかる諸国との戦争や，その後のナポレオンによるヨーロッパ大陸の制覇（せいは）を通じて各地に広がっていきました。

　一方，ナポレオンの没落（ぼつらく）後，フランス革命以来の混乱したヨーロッパの秩序再建を目的として，オーストリアの**メッテルニヒ**を議長とする**ウィーン会議**が開催（かいさい）され，ヨーロッパ諸国の代表が参加しました。会議では，**フランス革命前の王朝・体制を正統としてその復活をはかる**正統主義と，一国が覇権（はけん）を握ることを阻止する大国間の**勢力均衡（きんこう）**が基本原則となりました。このウィーン会議によって，**ウィーン体制**と呼ばれるヨーロッパの国際秩序が成立し，**自由主義とナショナリズムの運動の抑圧**を目指したのです。

　しかし，この保守的なウィーン体制に反発して，各地で自由主義・ナショ

ナリズムの運動が激化します。多くは鎮圧されましたが，**オスマン帝国から ギリシア が独立**し，**ラテンアメリカでも次々に独立国が生まれました**。

ヨーロッパ諸国は，ギリシアやラテンアメリカ諸国の独立を 阻止しようとしなかったのですか。

ウィーン体制下にもかかわらず，自国の利益から，ギリシア の独立はイギリス・フランス・ロシアが支援し，ラテンアメ リカ諸国の独立はイギリスが支援しているのです。

正統主義に基づいて**ブルボン朝が復活していたフランス**では，**1830年， シャルル10世の反動政治に対して七月革命が勃発**しました。ブルボン朝は 倒れ，新たに**七月王政**が成立しました。この七月革命に刺激されて，ヨーロッ パ各地で蜂起が相次ぎます。**ベルギーがオランダから独立**した以外は失敗に 終わりましたが，ウィーン体制は大きく動揺しました。

七月王政下のフランスでは，極端な制限選挙に対して**選挙権の拡大を求め る運動**が活発化しました。この運動が**1848年に弾圧されると，二月革命が 勃発**し，七月王政が打倒されて**第二共和政**となりました。二月革命の影響は ヨーロッパ中に波及し，ドイツ・オーストリアでは**三月革命**が起こって， メッテルニヒが失脚します。**1848年革命あるいは「諸国民の春」とも呼ば れる自由主義・ナショナリズムの運動の高揚によって，ウィーン体制は崩壊** しました。ただ，これらの運動は最終的にすべて挫折しました。

1848年革命は，ウィーン体制を崩壊させるほど影響力を もったのに，なぜ挫折してしまったのですか。

政治参加を果たした自由主義者が，革命の急進化を懸念し て保守化したことなどが挙げられます。しかし，自由主義・ ナショナリズムは，19世紀後半には国民の統合や民族の独 立の理念として定着していくことになります。

| 第7章 | 近代ヨーロッパ・アメリカ世界 |

キーワード　クリミア戦争　選挙法改正
ナポレオン3世　農奴解放令

Q33 19世紀後半のイギリス・フランス・ロシアはどう変化したのですか？

A

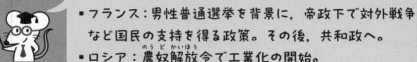

- 民主的改革や近代化で，国民国家の形成・強化。
- イギリス：選挙法改正で労働者に選挙権付与。
- フランス：男性普通選挙を背景に，帝政下で対外戦争など国民の支持を得る政策。その後，共和政へ。
- ロシア：農奴解放令で工業化の開始。

　1848年革命の鎮静化からほどなく，**クリミア戦争**が起こります。これは，不凍港を求めて南下政策を進めていた**ロシアが，オスマン帝国と開戦した**戦争です。**ロシアの南下を阻止するため，イギリス・フランスなどがオスマン帝国側で参戦**した結果，**ロシアは敗北し，南下政策は挫折**しました。

> イギリス・フランスがロシアと戦ったということは，ウィーン会議以来の大国の協調 → P.200 は崩壊してしまったのですね。

> 大国の協調が崩れたことで，19世紀後半のヨーロッパの国際環境は流動的になり，戦争も多発するのですよ。

　19世紀後半のイギリスは，**ヴィクトリア女王**の治世で，最盛期を迎えていました。**産業革命で他国に先行した圧倒的な工業力**は，「**世界の工場**」と形容され，世界の諸地域に自由貿易を要求して国際分業体制に組み込み → P.44, 45，**パクス＝ブリタニカ** *1 と呼ばれる世界秩序を生み出します。国内では，**自由**

党と保守党が交互に政権を担当する典型的な**二大政党による議会政治**が定着しました。また，**第2回選挙法改正で都市労働者に，第3回選挙法改正で農業労働者などに選挙権が付与**されました。

　フランスでは，二月革命で成立した第二共和政⏎P.201のもとで**男性普通選挙制**が確立しました。やがて，国民投票で皇帝となった**ナポレオン3世の第二帝政**が始まります。ナポレオン3世は，**国民の支持を得るために**，パリの大改造や産業革命の完成に努め，また**クリミア戦争でロシアの南下を阻止して国際的威信（いしん）を高めたように，対外戦争にも積極的に関与**しました。しかし，**プロイセン＝フランス**（普仏（ふふつ），ドイツ＝フランス）**戦争**⏎P.205で捕虜（ほりょ）になって帝政は崩壊（ほうかい）し，その後は**第三共和政**となりました。

　ロシアでは，農奴制と専制体制が近代化をはばんでいました。そこで，**クリミア戦争の敗北で工業化の遅れを痛感した皇帝アレクサンドル2世**は，**農奴解放令**を出しました。これにより農奴が身分的に自由になって**工場労働者が創出され，ロシアの資本主義の出発点**となりましたが，アレクサンドル2世は**ポーランドの反乱**を機に専制政治を強化しました。労働者が少ない当時のロシアでは，**インテリゲンツィア**（知識人）が社会改革を唱え，農民の啓（けい）蒙（もう）を試みました（**ナロードニキ運動**）が，失敗に終わりました。

国によって方法は様々ですが，この時期はどの国も国民の支持を得られるような民主的な改革や近代化改革を行っているようですね。

よい点に注目しましたね。この時期のヨーロッパでは，労働者や農民などの存在を無視して政治を行うことは不可能になりました。国家間の対立が深まるなか，各国は彼らを体制に取り込みながら国民国家の形成や強化をはかったのです。

*1 「イギリスの平和」の意味。イギリスの覇権（はけん）で世界が構造的に安定した19世紀中頃の状況。

第7章 近代ヨーロッパ・アメリカ世界

キーワード サルデーニャ王国 イタリア王国

プロイセン王国 ビスマルク ドイツ帝国

Q34 イタリア・ドイツはどのように国民国家になったのですか？

A

- 工業力・軍事力をもつ国が主導して，戦争などで領土を拡大しながら統一を完成させ，立憲君主政の国民国家を樹立。
- イタリア：サルデーニャ王国が主導。
- ドイツ：プロイセン王国が主導。

　イタリアとドイツは，中世以来，政治的な分裂が続き，他国の支配下に置かれている地域もありました。そのため，自由主義・ナショナリズムが高揚したウィーン体制期→P.200,201には，国民国家の形成に向けて統一や独立を求める運動が活発になります。**1848年革命の際に，イタリアではローマ共和国**が樹立されて共和政とイタリア統一を目指し，**ドイツではフランクフルト国民議会が開催されて自由主義者らがドイツ統一と憲法制定を議論**しました。しかし，こうした共和主義や自由主義による運動は挫折し，19世紀後半になると，イタリアでもドイツでも，**工業力と軍事力をもった国が主導して，立憲君主政の統一国家を実現**するのです。

　ナショナリズムを抑圧するウィーン体制が崩壊したから，イタリアやドイツは統一に成功したのですか。

　そうした国際環境の変化も大きな要因ですね。さらに，クリミア戦争で大国の協調が崩れた→P.202ため，大国が共同で干渉してくる脅威も後退しました。

イタリア統一の中心となったのは，**サルデーニャ王国**でした。サルデーニャ王国は，北イタリアを支配する**オーストリアと戦ってロンバルディアを獲得**し，フランスにサヴォイア・ニースを譲(ゆず)る代わりに**中部イタリアを併合**(へいごう)しました。また，ガリバルディは，占領した南イタリアの**両シチリア王国**をサルデーニャ王に献上(けんじょう)しました。**1861年，これらの地域を合わせたイタリア王国が成立**し，サルデーニャ王がイタリア国王となりました。その後，**ヴェネツィア**と**ローマ教皇領**(きょうこうりょう)を併合して，国家統一が完成します。

▲イタリアの統一

ドイツでは，**プロイセン王国**が主導して統一を進めました。首相ビスマルクの軍備拡張政策（**鉄血政策**(てっけつ)）のもと，まず，デンマークと戦って勝利し，次に，**プロイセン＝オーストリア**（**普墺**(ふおう)）**戦争で，オーストリアをドイツ統一運動から排除**しました。最後に，**プロイセン＝フランス**（**普仏**(ふふつ)，**ドイツ＝フランス**）**戦争**でフランスのナポレオン3世を破り，**1871年，プロイセン王をドイツ皇帝とするドイツ帝国が成立**し，統一を達成しました。

フランスでは革命を通して国民意識が生まれたと学びましたが [→ P.199]，国家主導で国民国家を形成した場合，国民としての一体感は弱い気がします。

そうですね。実際にイタリアでは，地域間で格差が大きく，国民意識が根付きにくい地域もありました。ドイツでは，国民意識をつくりあげるため，多数派を「国民」としてまとめ，少数派のカトリック教徒などを弾圧しました。

BC1000 BC500 1 500 1000 1500 2000

第7章 近代ヨーロッパ・アメリカ世界

キーワード 西部開拓（西漸運動） 南北戦争

奴隷解放宣言 大陸横断鉄道 移民

Q35 19世紀にアメリカ合衆国が世界一の工業国になったのはなぜですか？

A

- 南北戦争に北部が勝利し，広大な国内市場が統合され，保護関税政策のもとで急速に工業化したため。
- 大量の移民が労働力として工業発展を支えたため。

独立 →P.197 後のアメリカ合衆国は，フランス革命やナポレオン戦争には中立を保ち，ヨーロッパ諸国との貿易で利益を得ていました。しかし，イギリスが通商を妨害したため，**アメリカ＝イギリス（米英）戦争**が勃発します。この戦争で，イギリスから工業製品の輸入が途絶えたアメリカ合衆国では，**北部を中心に工業化が進む**ことになりました。

アメリカ合衆国は，**19世紀半ばには大西洋岸から太平洋岸に至る広大な国家**となりました。**西部開拓（西漸運動）**は，実力主義や民主主義をはぐくむものとして正当化されましたが，**先住民の土地や生活は奪われました**。また，西部開拓にともなって**北部**と**南部**の対立も激化しました。

西部に領土を拡大していったことと，北部と南部の対立は，どう関係するのですか。

北部と南部の争点の一つが奴隷制でした。西部に新しく生まれる州が，奴隷制を採用するか否かで対立したのです。

当時の**南部**は，**黒人奴隷**を**使役**したプランテーションで大規模に**綿花**を栽培し，綿工業の発達するイギリス→P.191に輸出していました。そのため，**原料を輸出してイギリスから工業製品を輸入するのに有利な**自由貿易→P.44と，**奴隷制の存続**を主張しました。一方，産業革命が進展しつつあった**北部**は，**イギリスの工業製品に対抗するため**保護関税政策（保護貿易）を求め，人道主義の立場から**奴隷制の拡大に反対**しました。

北部を基盤に奴隷制反対を掲げる共和党が結成され，**共和党の**リンカンが**大統領に当選**すると，**南部諸州はアメリカ合衆国から離脱して**アメリカ連合国（南部連合）を発足させ，まもなく**南北戦争**が勃発しました。当初は南部が優勢でしたが，リンカンが**奴隷解放宣言**を発表して内外の世論の支持を得たこともあり，**最終的に北部が勝利**して国家の統一を回復します。

南北戦争後，**正式に奴隷制は廃止**されました。従来の南部は，イギリスの原料供給地・市場として国際分業体制→P.45に組み込まれていましたが，**戦後は北部主導で広大な国内市場が統合され，保護関税政策のもとで急速な工業化**を遂げます。戦後に開通した大陸横断鉄道は，国内市場をより**緊密**に結びつけました。そして，この発展を支えたのが，ヨーロッパやアジアから受け入れた**大量の**移民労働力でした。こうして**アメリカ合衆国は，19世紀末にイギリスを抜いて世界最大の工業国**となったのです。

北部	南部
工業化が進展 → イギリスの工業製品に対抗 保護関税政策（保護貿易）を主張　VS 奴隷制拡大に反対 共和党の支持基盤	奴隷制による綿花プランテーションが発達 → イギリスに綿花を輸出，工業製品を輸入 自由貿易を主張 奴隷制存続を主張 民主党の支持基盤

→ 北部の勝利 ＝ 工業化・保護関税政策・奴隷制廃止で国内統合

 35 19世紀にアメリカ合衆国が世界一の工業国になったのはなぜですか？　207

実際の共通テスト問題を見てみよう

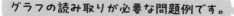

グラフの読み取りが必要な問題例です。

（2023 年 共通テスト 世界史 B〈改〉）

世界史の授業で，先生と生徒たちが歴史統計を見ながら会話をしている。

先生：今回の授業では，歴史統計から世界史上の出来事について考えてみましょう。次の**グラフ**を見てください。これは，イギリスやアイルランドからアメリカ合衆国へ渡った移民の数をまとめたものです。

グラフ　イギリスとアイルランドからアメリカ合衆国への移民数

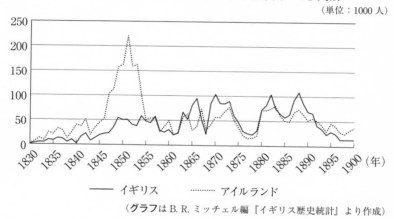

（単位：1000 人）

―――　イギリス　　………　アイルランド

（**グラフ**は B. R. ミッチェル編『イギリス歴史統計』より作成）

松山：移民の送り出し国や受け入れ国で起こった出来事が移民数の変動に影響しているようですね。**グラフ**を見ると，　　ア　　と思うのですが。

先生：よく勉強していますね。

問 文章中の空欄 ［　　ア　　］ に入れる文として最も適当なものを，次の①〜④のうちから一つ選べ。

① 1840 年代中頃にアイルランドで大飢饉（ジャガイモ飢饉）が発生した後，1840 年代後半にはアイルランドからの移民は増加している

② 1850 年代中頃にアイルランドがクロムウェルにより征服され，土地没収が強行された後，1850 年代後半にはアイルランドからの移民は減少している

③ 1870 年代初めにアメリカ合衆国で南北戦争が始まった後，1875 年のイギリスからの移民は，1870 年よりも減少している

④ 1890 年代初めにアメリカ合衆国でフロンティアの消滅が宣言された後，1895 年のイギリスからの移民は，1890 年よりも増加している

アイルランドの
歴史は，よく
わかりません。

グラフを正確に読み
取ることで選択肢を
しぼりこみましょう。

歴史の知識に加えて，グラフを読み取る力も求められる問題
なのですね……。

グラフの読み取りはむずかしくありません。むしろグラフを
正確に読み取ることで，歴史の知識があいまいでも選択肢
をしぼりこむことができる場合もあるのですよ。

「イギリスとアイルランドからアメリカ合衆国への移民数」のグラフを見
て，そこから読み取れる文として最も適当なものを一つ選ぶ問題です。

では，選択肢①から順に見ていきましょう。

①では，1840年代中頃から1840年代後半にかけて，アイルランドからの
移民が増加していると述べられています。

グラフの該当期間を確認しましょう。**グラフのなかで点線で示されたアイ
ルランドの移民数**は，明らかに増えていることが読み取れます。

次に，選択肢の文に書かれた史実について検討します。❶「**1840年代中頃
にアイルランドで大飢饉（ジャガイモ飢饉）が発生した**」というのは正しい
内容です。グラフ：○，史実：○として，念のため他の選択肢も確認してお
きましょう。

②では，1850年代中頃から1850年代後半にかけてアイルランドからの移
民は減少していると述べられています。しかし，該当期間を見ると，必ずし
も減少しているとはいえません。△とします。

選択肢の文では，❷「**1850年代中頃にアイルランドがクロムウェルにより征
服され**」たと書かれていますが，**クロムウェルのアイルランド征服は，ピュー
リタン革命で成立した共和政の時期のことで，17世紀半ばなので**，誤りで
す。したがって，②はグラフ：△，史実：×となり，適当ではありません。

　続いて③を確認します。③では，1875年のイギリスからの移民は1870年より減少していると述べられています。**イギリスからの移民数が問われていますので，グラフ中に実線で示されたイギリスの移民数**を確認します。該当期間のイギリスの移民数は減少していることが読み取れますので，グラフについては○です。

　では，史実についてはどうでしょう。「❸1870年代初めにアメリカ合衆国で南北戦争が始まった」とありますが，**南北戦争は1860年代**であり，誤りです。したがって，グラフ：○，史実：×となり，適当ではないとわかります。

　最後に④を確認します。1895年のイギリスからの移民は1890年よりも増加していると述べられていますが，該当期間のグラフを確認すると減少しており，誤りであるとわかります。④は適当ではありません。

　史実についても確認しておきましょう。「❹1890年代初めにアメリカ合衆国でフロンティアの消滅が宣言された」は，史実として正しいです。これ以降，アメリカの海外進出が本格化するのです。よって，④はグラフ：×，史実：○です。

　以上から，解答を①と決定します。この問題に限っていえば，万一，正確な知識がなかったとしても，グラフの読み取りだけで④は排除することができます。

> グラフの読み取りと歴史の知識の両方が求められる問題では，何よりグラフを正確に読み取ることが大切です。そのうえで，もっている知識と合わせて解いていきましょう。

第 **8** 章 〉 帝国主義列強とアジア・アフリカ

キーワード タンジマート オスマン帝国憲法

青年トルコ革命 ウラービー運動 イラン立憲革命

Q 36 オスマン帝国や西アジア地域はどのように列強の進出に対抗したのですか？

A

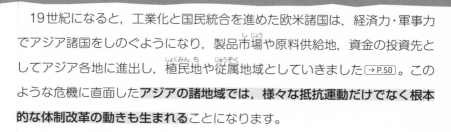

- 立憲政やパン＝イスラーム主義による団結などを模索。
- オスマン帝国：タンジマート，オスマン帝国憲法の制定と議会の開設，青年トルコ革命。
- エジプト：スエズ運河建設，ウラービー運動。
- イラン：タバコ＝ボイコット運動，立憲革命。

19世紀になると，工業化と国民統合を進めた欧米諸国は，経済力・軍事力でアジア諸国をしのぐようになり，製品市場や原料供給地，資金の投資先としてアジア各地に進出し，植民地や従属地域としていきました→P.50。このような危機に直面した**アジアの諸地域では，様々な抵抗運動だけでなく根本的な体制改革の動きも生まれる**ことになります。

多民族・多宗教を抱えるオスマン帝国では，ギリシアの独立→P.201など**諸民族の独立運動**がさかんになり，列強の干渉の口実にもなっていました（『東方問題』）。そこで，スルタン→P.163の**アブデュルメジト1世**は，**タンジマート**と呼ばれる西欧化改革に着手します。これは，**宗教や民族に関係なく帝国内の全住民を法の前に平等とする近代国家の建設を目指す**改革でした。クリミア戦争→P.202後には，**全住民の平等を定めたオスマン帝国憲法（ミドハト憲法）が発布**され，**議会も開設**されました。

オスマン帝国はスンナ派の擁護者を自負していましたよね（→P.165）。ムスリムと非ムスリムを平等とする改革は，ムスリムの反発を招きませんか。

実際に反発するムスリムもいました。そして，スルタンのアブデュルハミト2世は，まもなく憲法を停止し，パン＝イスラーム主義を掲げて国内のムスリムの統合を試みます。

専制政治を復活させたアブデュルハミト2世に対し，**知識人らは憲法の復活を目指す運動**を進めました。彼らの一部は，20世紀初め，日露戦争での日本の勝利（→P.65）などにも刺激されて反乱を起こし，**憲法と議会の復活を実現**しました（**青年トルコ革命**）。

オスマン帝国の属州であった**エジプト**は，**19世紀に事実上の自立**を果

> **ひとこと**
>
> **パン＝イスラーム主義**
>
> 19世紀後半に**アフガーニー**が提唱した思想で，列強の進出への抵抗とイスラーム社会の改革のため，全ムスリムの団結を訴えました。汽船の発達でメッカ巡礼（→P.161）者が激増すると，メッカを訪れた各地のムスリムの交流を通じても広がっていきました。エジプトのウラービー運動，イランのタバコ＝ボイコット運動などに大きな影響を与えています。

たし，近代化に努めましたが，列強の経済的進出は強まりました。地中海と紅海を結ぶ**スエズ運河**の建設などによって**財政は破綻**し，イギリス・フランスの干渉は財政・内政に及びます。軍人の**ウラービー**が立憲政の確立と外国支配からの解放を求める運動を起こしましたが，**イギリスに鎮圧され，事実上の保護国**とされました。

イランでは，カージャール朝がイギリスとロシアの経済的支配に苦しんでいました。政府がイギリス人にタバコ利権を譲渡すると，大規模な抗議運動（**タバコ＝ボイコット運動**）が起こりました。20世紀初めには，日露戦争などの影響も受けて，**議会が開かれ，憲法が制定**されました。しかし，この**イラン立憲革命**は，イギリスとロシアの介入もあって**挫折**します。

 Q36 オスマン帝国や西アジア地域はどのように列強の進出に対抗したのですか？　213

BC1000 BC500 1 500 1000 1500 2000

第8章 帝国主義列強とアジア・アフリカ

キーワード インド大反乱 インド国民会議

アギナルド イスラーム同盟 ドンズー運動

Q37 南アジア・東南アジアはどのように植民地化に対抗したのですか？

A
- 近代教育を受けた知識人を中心に民族運動が高揚し，抵抗。
- インドでは，大反乱が起こり，のちにインド国民会議が自治獲得などを掲げた民族運動を起こす。

イギリス東インド会社[*1]は，18世紀後半にフランスとの覇権競争に勝利すると，インドの植民地支配に乗り出しました→P.191。地方の諸勢力との戦争を経て，**19世紀半ばまでにインド全域を支配下**に収めるとともに，**重い地税を課し**ました。

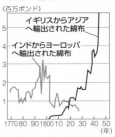

▼綿布の輸出
(百万ポンド)
イギリスからアジアへ輸出された綿布
インドからヨーロッパへ輸出された綿布
1770 80 90 1800 10 20 30 40 50 (年)
(山本達郎編『インド史』より作成)

また，従来インドは綿織物（綿布）の輸出国でしたが，**産業革命以降はイギリスが機械で大量生産した安価な綿織物が流入して，やがて輸出入が逆転**しました。その結果，インドは，**綿花・藍・アヘンなどの商品作物を栽培して輸出**し，イギリスの工業製品を輸入する立場となり，イギリスの国際分業体制→P.45に組み込まれて経済的自立を失ったのです。

こうした状況で起こった**シパーヒー**（インド人傭兵）の蜂起は，イギリス支配に不満を抱く様々な階層の人々を巻き込んで，**インド大反乱**へと発展しました。しかし，反乱は鎮圧され，**イギリスは，東インド会社を解散させてインドの直接統治**を始め，その後**インド帝国**を成立させました。

イギリスの直接統治になって，東インド会社の統治時代とど
のような点が変わったのですか。

東インド会社の高圧的な統治が大反乱を招いた教訓もあ
り，宗教やカーストなど既存の社会の対立や差異を固定化・
助長して統治に利用する「分割統治」が行われました。

　大反乱後のインドでは，近代教育を受けた**知識人を中心に民族意識が芽生**
え，彼らの請願の場として**インド国民会議**が発足します。当初は穏健な組織
でしたが，徐々に急進化・反英化し，**イギリスが民族運動を分断する目的で**
ベンガル分割令[*2]を出すと，**国民会議は国産品愛用・自治獲得などを掲げて**
抵抗しました。これに対し，**少数派のイスラーム教徒は，イギリスの支持を**
得て全インド＝ムスリム連盟を結成したため，民族運動は分裂しました。

　タイ以外が列強の植民地となった**東南アジアでも，19世紀末頃から知識**
人を中心に民族運動が起こりました。フィリピンでは，**ホセ＝リサール**の啓
蒙運動が弾圧されると，**アギナルド**らの独立戦争に発展します（フィリピン
革命）。インドネシアでは，**イスラーム同盟（サレカット＝イスラム）**が民族
運動を主導し，ベトナムでは，日露戦争で勝利した日本に留学生を送る**ドン**
ズー（東遊）運動が行われました。

タイが独立を維持できた主な理由は何ですか。

イギリスとフランスの進出の緩衝地帯となったことや，ラーマ
5世（チュラロンコン）の近代化政策が挙げられます。ラー
マ5世の在位期間は，ほぼ日本の明治時代と重なるのですよ。

[*1]　アジアでの交易に従事するため，エリザベス1世の時代の1600年に設立されたイギリスの
　　　特権的貿易会社。オランダやフランスも東インド会社を設立して，アジア交易に進出した。
[*2]　1905年に出され，ベンガル州をヒンドゥー教徒の州とイスラーム教徒の州に分割する法令。

BC1000 BC500 1 500 1000 1500 2000

第8章 帝国主義列強とアジア・アフリカ

キーワード アヘン戦争 第2次アヘン戦争（アロー戦争）

洋務運動 日清戦争 戊戌の変法

Q38 清は列強の進出でどのように変わったのですか？

A
- アヘン戦争・アロー戦争で自由貿易・対等外交へ。
- 清仏戦争・日清戦争で朝貢・冊封体制の崩壊。
- 立憲君主政改革を開始するが，清は滅亡。

　清は，諸外国との対等な外交を認めず，伝統的な朝貢・冊封関係→P.147のみとしました。また，民間貿易を許可しましたが，18世紀半ば以降，欧米諸国との貿易は広州に限定し→P.155，自由貿易には応じませんでした。

　19世紀に入り，欧米諸国が軍事力で中国にまさると，イギリスは，対等な外交と自由貿易を求め，清と**アヘン戦争**を起こします→P.52。**敗れた清は，南京条約で開港し，領事裁判権や協定関税制（関税自主権の喪失）などを認める不平等条約**→P.50も結びましたが，朝貢・冊封体制は存続し，貿易は伸びませんでした。そこで，イギリス・フランスは，**第2次アヘン戦争（アロー戦争）**を起こし，**天津条約・北京条約**で，**開港場の増加やキリスト教布教の自由，外国使節の北京常駐**などを承認させたのです。

　「外国使節の北京常駐」を認めることで，清は朝貢・冊封関係を放棄したのですか。

　清は，欧米諸国とは朝貢と区別した外交を行うため，総理各国事務衙門（総理衙門）を設けて北京の外国使節に対応しましたが，周辺諸国とは朝貢・冊封関係を維持しています。

第2次アヘン戦争の講和などによって安定を取り戻した清では，**伝統的な儒学に基づく価値観を維持しながら，西洋の近代的な軍事や技術を導入して富国強兵を目指す洋務運動**が進められました。しかし，その過程で，ベトナムをめぐるフランスとの**清仏戦争**，朝鮮をめぐる日本との**日清戦争**〔→P.58〕に，いずれも敗北し，**ベトナム・朝鮮が清の冊封から離れると，東アジアにおける朝貢・冊封体制も崩壊**することになりました。

日清戦争に敗北したことで，知識人の間では政治体制の改革（**変法**）を必要とする考えも広まりました。そうした状況下，**光緒帝**は，**康有為や梁啓超**らを登用して，**立憲君主政の樹立などの改革**を試みます（**戊戌の変法**）。しかし，**西太后**らの戊戌の政変で挫折しました。

清では，**第2次アヘン戦争後にキリスト教の布教がさかん**になり，**日清戦争後には列強の利権獲得競争**が激しくなりました。各地でこれに反発する**仇教運動**（反キリスト教運動）や排外運動が強まるなか，**義和団**が蜂起すると，**西太后ら清の保守派は義和団を支持して列強に宣戦しましたが，敗北しました**（義和団戦争）〔→P.64〕。その結果，保守的・排外的な議論は後退し，**立憲君主政への移行など本格的な政治改革（光緒新政）**が始まります。

清の光緒新政を支持する人々がいる一方で，**清を打倒して共和政を樹立しようとする孫文**らの革命運動も活発になります。最終的に，**辛亥革命**で共和政の**中華民国**が建国され，清は滅亡しました。

西アジア〔→P.212〕や南アジア・東南アジア〔→P.214〕と同じように，清でも19世紀後半になると民族運動が起こるのですね。

そうですね。立憲体制が模索される点も，オスマン帝国などと同様です。近代化と国民国家の形成という波が，アジアにも及び始めていることがよくわかりますね。

第8章　帝国主義列強とアジア・アフリカ

キーワード　日朝修好条規　日清戦争

大韓帝国　日露戦争　義兵闘争

Q 39　開国後の朝鮮は，どのように周辺国の干渉に対抗したのですか？

A
- 排外的な東学の拡大や，甲午農民戦争の勃発。
- 大韓帝国と改称し，独立国であることを示す。
- 日本による保護国化に対し，ハーグ密使事件や義兵闘争で対抗。

清の冊封国（属国）であった朝鮮王朝→P.155 では，19世紀後半に**大院君**（国王高宗の父）が実権を握り，欧米諸国や明治維新後の日本の開国要求を拒否していました。その後，政権をとった**閔氏**（高宗の王妃一族）は，日本の軍事的圧力を背景に，**日朝修好条規（江華条約）**を結び，開国しました。これは，日本に領事裁判権→P.50 などを認めた不平等条約でもありました。

日朝修好条規の締結で，清と朝鮮の関係はどうなったのですか。

日本は，日朝修好条規において，朝鮮を自主独立国であるとうたい，清の宗主権を否定しました。一方，清は，朝鮮との関係を強化しようとしたため，日本との対立が深まります。

開国後の朝鮮では，**近代化を進める閔氏**に対し，軍隊が開国に反対する大院君を擁立して反乱を起こしました（壬午軍乱）。この反乱が清に鎮圧されると，**閔氏は清との関係を重視**するようになります。そのため，**清から独立して急進的な改革を目指す金玉均**らは，日本と結んで閔氏政権を打倒するクー

デタを起こしましたが, 清の介入で失敗しました（**甲申政変**）。

　このように**朝鮮をめぐって日本と清が争う**なか, 開国によって困窮した民衆の間では, 排外的な傾向をもつ新宗教の**東学**→P.59 が信者を増やしていました。東学の幹部の**全琫準が指導する甲午農民戦争（東学の乱）が起こると, 日本と清は朝鮮に出兵して, 日清戦争が勃発**しました。勝利した日本は, **下関条約**で清に**朝鮮の独立**を認めさせました。

　日清戦争後に日本の進出が強まった朝鮮では, 日本に対抗するためロシアに接近する勢力が台頭します。そして, 国号を**大韓帝国**（韓国）と改めて, 国王は皇帝を称し, **清と対等の独立国**であることを示しました。

> 今度は朝鮮をめぐって日本とロシアが対立するのですね。でも, なぜロシアは朝鮮に関心をもっていたのですか。

> ロシアは南下政策を進めていましたよね→P.202。ヨーロッパでの南下が挫折したので, 19世紀末からは極東での南下のため, 中国東北地方や朝鮮への進出を試みたのです。

　日本とロシアの対立は, **日露戦争**→P.64 に至りました。日本は, 講和条約の**ポーツマス条約で韓国における日本の優越権**をロシアに認めさせると, **韓国と第2次日韓協約を締結し, 外交権を奪って保護国**としました。韓国では, 皇帝がハーグ万国平和会議に密使を送って国際世論に訴えようとしたり（**ハーグ密使事件**）, 武力で日本に抵抗する**義兵闘争**が高揚しましたが, **日本はそれらを弾圧し, 1910年に韓国併合を断行**したのです。

〈朝鮮半島をめぐる日本の行動〉

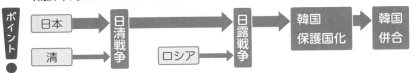

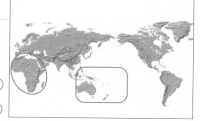

第8章 〉 帝国主義列強とアジア・アフリカ

キーワード ベルリン会議 アフリカ縦断政策
アフリカ横断政策 アボリジニー マオリ人

Q40 列強はどのようにアフリカ・太平洋地域を分割していったのですか？

A

- アフリカ：ベルリン会議で分割の原則確認。イギリスの縦断政策とフランスの横断政策が中心。
- 太平洋地域：イギリスはオーストラリア・ニュージーランドを植民地化。アメリカ合衆国はハワイを併合，フィリピン・グアムを獲得。

1880年代以降に激化する**帝国主義列強による植民地獲得競争**→P.63 は，アフリカや太平洋地域にまで及び，その後のわずか20〜30年で，これらのほぼ全域が植民地化されることになりました。

ヨーロッパ人は，16世紀以降，奴隷貿易でアフリカに進出していましたが→P.191，帝国主義時代の進出は目的が異なるのですか。

はい。帝国主義時代のアフリカには，地下資源や熱帯作物の供給地，工業製品の市場，資本の投下先などの役割が期待されましたが，アフリカの人々が安価な労働力として収奪され，深刻な人権侵害が起こることもありました。

　アフリカ分割が一気に進んだきっかけは，列強の利害関係を調整するために開かれた**ベルリン会議**（ベルリン＝コンゴ会議）で，**先に実効支配した国が領有できる**という植民地化の原則が確認されたからでした。

分割競争の中心となったのは，イギリスとフランスです。**イギリスは，北のエジプトと南のケープ植民地を結ぶアフリカ縦断政策**，**フランスは，アルジェリアからサハラ砂漠に出てジブチに至るアフリカ横断政策**を追求しました。両国は，スーダンのファショダで遭(ぞう)遇しましたが（**ファショダ事件**），フランスが譲(じょう)歩(ほ)しました。ドイ

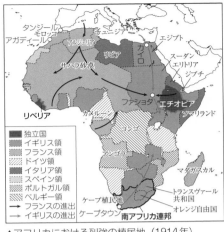

▲アフリカにおける列強の植民地（1914年）

- 独立国
- イギリス領
- フランス領
- ドイツ領
- イタリア領
- スペイン領
- ポルトガル領
- ベルギー領
- → フランスの進出
- → イギリスの進出

ツ・イタリア・ベルギーなども植民地を領有し，20世紀初めに独立を守ったのは，**エチオピア帝国**と**リベリア共和国**[1]のみでした。

地図を見ると，列強が設定したアフリカの境界線には，直線的なものも多く，人為的に引かれたと想像できます。

そのとおりです。人為的な境界線によって民族や社会が分断されたことで，独立後も民族紛争や低開発などの弊(へい)害(がい)が残りました。

太平洋地域では，**イギリスがオーストラリアとニュージーランド**の植民地化を進めました。その際，それぞれの先住民である**アボリジニー**と**マオリ人**は土地を追われました。**アメリカ合衆国は，ハワイを併合**し，また，アメリカ=スペイン（米(べい)西(せい)）戦争[2]に勝利して，スペインから**フィリピン・グアム**を獲得しています。フランス・ドイツも太平洋地域に進出しました。

[1] アメリカ合衆国で奴隷身分から解放された黒人が入植して建国した国。
[2] スペインに対するキューバの独立運動に乗じて，アメリカ合衆国がスペインと開戦した戦争（1898）。

実際の共通テスト問題を見てみよう

19世紀の朝鮮に関する問題例です。

（2021年 共通テスト 世界史B（第1日程））

韓国を訪れた佐藤さんが，**写真**の石碑の前で観光ガイドに質問している。

写真

佐藤：この石碑には，何と書いてあるのですか。

ガイド：大きな文字で「洋夷が侵犯してくる時に，戦わな
いのは和であり，和を主張するのはすなわち売国である」
と刻まれています。

佐藤：最後の行の小さな文字は，どういう意味ですか。

ガイド：「丙寅作，辛未立」です。丙寅と辛未は共に干支で
す。つまり，1866年に作られ，1871年に立てられたこと
を表しています。実は，同じ石碑が各地に残っています。

佐藤：1866年に何があったのですか。そう言えば，19世紀
の朝鮮で起こった出来事の中には，干支を用いた呼び方
をするものがほかにもありますね。

ガイド：その年には，アメリカの武装商船が平壌に現れた
り，フランス極東艦隊が江華島の一部を占領したりする
事件が起こりました。

佐藤：「洋夷」とは欧米列強のことですね。

ガイド：はい，そうです。この石碑を立てた　**ア**　という人物は，幼かった国王
に代わり，当時の実権を握っていました。石碑の3行目には，「万年にわたって子
孫を戒めるものである」と小さく刻まれています。この内容から　**ア**　が，
イ　を子孫代々にわたって伝える目的で，石碑を立てたと分かります。ち
なみに，同じ時期には，朝鮮の知識人たちの間で「衛正斥邪」という思想が広が
りました。衛るべき「正」とは朱子学のことであり，斥けるべき「邪」とはキリ
スト教とそれを信仰する欧米列強を指しています。

佐藤：当時の知識人たちの考えは，　**ア**　の主張に通じるところがありますね。

ガイド：そうですね。14世紀末の建国以来，朝鮮が重んじた朱子学を正しい教えと
し，欧米列強が信仰するキリスト教を邪教と呼んだわけです。

問　会話文中の空欄 ア に入れる人物の名**あ・い**と，空欄 イ に入れる
文**X・Y**との組合せとして正しいものを，後の①〜④のうちから一つ選べ。

ア に入れる人物の名
あ　西太后　　い　大院君

イ に入れる文
X　民間人の海上貿易を許さず，政府が管理すること
Y　欧米列強に対して徹底的に抗戦すること

①　あ ― X　　②　あ ― Y　　③　い ― X　　④　い ― Y

朝鮮史は苦手
だな……。

会話文にも
ヒントが隠れて
いますよ。

うん
うん

近代の朝鮮の歴史は，中国の歴史とこんがらがってしまうときがあります。

近現代史は「歴史総合」でも学びましたね。とくに近代の朝鮮の歴史は日本と深く関わっているので，詳しく勉強したはずです。「歴史総合」で学んだ知識も活用しましょう。会話文をていねいに読むことも大切ですよ。

韓国にある石碑についての会話文を読み，空欄に入れる人物の名と，その人物が子孫に伝えようとした内容をそれぞれ選択し，その組合せを答える問題です。

まず，**ア**に入れる人物の名**あ・い**を見ましょう。
あの**西太后は**，清朝末期の宮廷において政治の実権を握っていた人物です。
いの**大院君は**，19世紀に朝鮮国王の摂政として鎖国政策を維持し，攘夷に努めた人物です。

この問題の会話文は19世紀の朝鮮に関するもので，**ア**に入れる人物は，会話文中に「幼かった国王に代わり，当時の実権を握っていました」とあるので，**い**の大院君だとわかります。

朝鮮史が苦手で大院君のことを知らなくても，すぐにあきらめずに，選択肢に注目してみましょう。

西太后と大院君は，「歴史総合」でも出てきた重要人物です。何をした人たちだったか記憶があいまいでも，この問題では朝鮮で政治の実権を握った人物が問われているので，西太后が中国の権力者であることさえわかれば，大

院君にしぼることができます。

　次に，□イ□に入れる文X・Yについて確認します。

　Xには「海上貿易❹」の語がありますが，会話文中に関連する内容は見当たりません。

　Yには「欧米列強に❺」「抗戦する❻」とあります。会話文の12～14行目には，石碑がつくられた1866年には「アメリカの武装商船が平壌（へいじょう）に現れたり，フランス極東艦隊（きょくとうかんたい）が江華島（こうかとう）の一部を占領したりする事件が起こりました❷」とあります。そして，2～4行目には，石碑に「『洋夷（ようい）が侵犯してくる時に，戦わないのは和であり，和を主張するのはすなわち売国である❶』と刻まれて」いるとあり，ここでの「洋夷」は，欧米列強を指していると考えられるので，Yの内容と一致していることが読み取れます。

　以上の検討から，□イ□に入れる文はYだとわかります。

　したがって，解答は④い ― Yとなります。

　ちなみに，Xのような貿易統制としては，中国の明（みん）で行われた海禁政策（かいきん）などがあてはまります。

もっている知識と，問題文（会話文）の記述の比較検討から読み取れる情報を特定し，正しい組合せを選択するようにしましょう。

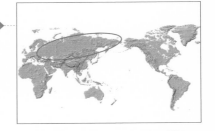

BC1000 BC500 1 500 1000 1500 2000

第9章 二つの世界大戦

キーワード ボリシェヴィキ 二月革命
十月革命 ソヴィエト政権 ソ連

Q41 世界最初の社会主義国は，どのように成立したのですか？

A
- ロシアにおいて，二月革命で帝政が打倒され，十月革命で社会主義のソヴィエト政権が成立。
- 内戦・対ソ干渉戦争を経て，ソヴィエト＝ロシアなどから構成される社会主義国のソ連が成立。

　19世紀末以降，ロシアでは，産業革命が本格化しましたが，労働者の生活は苦しく，皇帝専制も続いていました。そうしたなか，マルクス主義を掲げる**ロシア社会民主労働党**が結成され，まもなく**社会主義革命を目指すボリシェヴィキ**と，穏健な改革を目指す**メンシェヴィキ**に分裂しました。また，ナロードニキ→P.203の流れをくむ**社会革命党（エスエル）**や，ブルジョワら自由主義者の**立憲民主党**も誕生しました。

> **ひとこと**
>
> ### 社会主義思想
>
> 資本主義社会では，労働者の貧困や劣悪な労働環境などが問題となりました。そこで，19世紀には，労働条件の改善だけでなく，社会的不平等そのものの是正をはかる社会主義思想が登場したのです。なかでも**マルクス**は，労働者階級が政権を獲得する社会主義社会への移行の必然性を唱えて（マルクス主義），ロシア革命をはじめのちの社会主義運動に大きな影響を与えました。

ポイント

←――――― 革命勢力 　　　　　　　　　　　　　　　　　　 反革命勢力 ―――――→

ロシア社会民主労働党	社会革命党	立憲民主党	帝政派
マルクス主義政党	ナロードニキの流れ	自由主義者 （ブルジョワ政党）	

ボリシェヴィキ	メンシェヴィキ
社会主義革命	穏健な改革

第一次世界大戦で，ロシアは協商国（連合国）側で戦いました→P.72が，戦争の長期化などへの不満が高まりました。**1917年，首都ペトログラードでの蜂起**を機に，**労働者・兵士はソヴィエト（評議会）を組織**し，**自由主義者は臨時政府を発足**させました。こうした状況下，**皇帝ニコライ2世は退位**し，**ロマノフ朝の帝政は崩壊**したのです（**二月革命**［西暦では三月革命］）。

立憲民主党中心の臨時政府は，**戦争を継続**しました。ソヴィエト内では，当初は社会革命党やメンシェヴィキが主流派でしたが，**ボリシェヴィキは，指導者レーニンが戦争の即時停止とソヴィエトによる政権獲得を唱えて支持を拡大**していきます。そして，ボリシェヴィキの武装蜂起で**臨時政府は倒され，ソヴィエト政権が成立**しました（**十月革命**［西暦では十一月革命］）。

この史上初の社会主義政権（ソヴィエト＝ロシア）は，すぐに国内の反革命勢力との**内戦**に直面します。さらにイギリス・フランスなどが反革命勢力を支援して介入し，大戦終結後も**対ソ干渉戦争**を続けました（日本やアメリカ合衆国は**シベリア出兵**→P.78）。**ソヴィエト政権は，共産党（ボリシェヴィキから改称）の一党独裁**のもとで，厳しい戦時体制を敷いて戦い抜き，1922年には**ソヴィエト＝ロシアなどから構成される社会主義国のソヴィエト社会主義共和国連邦（ソ連，ソ連邦）が結成**されたのです。

その後，ソ連は国際社会に受け入れられたのですか。

ソ連が安定したこともあり，イギリス・フランス・日本などはまもなく国交を樹立しました。しかし，アメリカ合衆国は，1933年までソ連を承認しませんでした。

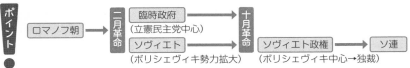

ポイント！

ロマノフ朝 → 二月革命 → 臨時政府（立憲民主党中心）→ 十月革命 → ソヴィエト政権（ボリシェヴィキ中心→独裁）→ ソ連

ソヴィエト（ボリシェヴィキ勢力拡大）

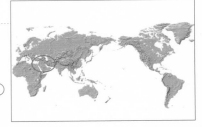

BC1000 BC500 1 500 1000 1500 2000

第9章 二つの世界大戦

キーワード （ムスタファ＝ケマル） （ローザンヌ条約）

（トルコ共和国） （ワフド党） （パフレヴィー朝）

Q42 第一次世界大戦後の西アジアでは，どのような民族運動が起こったのですか？

A

- トルコ：ケマルらがオスマン帝国を滅ぼし，ローザンヌ条約で独立の確保。世俗主義のトルコ共和国を樹立。
- エジプト：ワフド党の独立運動が高揚してエジプト王国が成立したが，完全独立を要求する運動が続く。
- イラン：パフレヴィー朝による独立回復。

　第一次世界大戦後のアジアでは，民族運動が高揚しました。その背景には，戦争で混乱したヨーロッパの影響力が後退し，代わって**現地の企業や工業が成長**したこと，**植民地がヨーロッパの宗主国の戦争に協力**し，その見返りを求めたこと，**民族自決**の原則 →P.75 が提唱されたこと，さらにその原則が**非ヨーロッパ地域には適用されなかった**ことへの反発などが挙げられます。また，ロシア革命 →P.227 の成功も，**社会主義による新たな民族運動**のあり方を提示することになりました。

帝国主義時代にもアジアで民族運動が高揚しましたよね →P.212 。その時期の運動と異なる特徴はありますか。

第一次世界大戦後の民族運動は，一部の知識人などにとどまらず，広範な階層が動員された大衆的運動だったことが特徴です。この時期は，世界中で「大衆化」が加速した時代であったことを思い出しましょう →P.71 。

オスマン帝国は，**第一次世界大戦に同盟国側で参戦して敗戦国**となりました。講和条約の**セーヴル条約**には，大幅な領土の割譲だけでなく，主権を危機にさらす内容も含まれていました。そうした状況で，軍人の**ムスタファ＝ケマル**は，**アンカラ**に臨時政府を樹立し，トルコの独立を守るための解放闘争を指揮します。**スルタン制を廃止してオスマン帝国を滅ぼし**，連合国（大戦の戦勝国）と**ローザンヌ条約**を結び，新たに国境を定め，治外法権の撤廃や関税自主権の回復を実現して，独立を確保したのです。

ケマルは，**トルコ共和国**の成立を宣言し，初代大統領に就任しました。**イスラームを脱して西欧のような世俗主義（政教分離）の近代国家**を目指し，**カリフ制廃止**や**女性解放**，**文字改革**などの改革を次々に進めました。

オスマン帝国が放棄したアラブ地域は，戦勝国の委任統治になったと学びましたが →P.74 ，その後どうなったのですか。

1930～40年代にかけて，イラク・レバノン・ヨルダン・シリアが独立しました。しかし，委任統治の境界が国境線となったため，アラブ地域は分断されました。パレスチナについては，パレスチナ問題 →P.243 を生むことになりました。

エジプト →P.213 は，第一次世界大戦が勃発するとイギリスが正式な保護国としました。戦後，**ワフド党を中心に独立運動**が激しくなり，イギリスは**エジプト王国**の独立を認めました。しかし，**スエズ運河地帯の駐屯権**などイギリスが多くの特権を維持したため，完全独立を求める運動が続きます。

イギリスとロシアの圧力を受けていたイランのカージャール朝は，大戦中，両国の事実上の占領下に置かれました。戦後，軍人の**レザー＝ハーン**がクーデタで実権を握り，その後，カージャール朝を倒し，自らシャー（イランの王の称号 →P.165 ）を称して**パフレヴィー朝を開き，独立を回復**させました。

第9章 二つの世界大戦

キーワード 国民会議派 ガンディー

非暴力・不服従 インドネシア国民党 インドシナ共産党

Q 43 第一次世界大戦後の南アジア・東南アジアではどのような民族運動が起こったのですか？

A
- インドでは，国民会議派のガンディーの指導下で大衆を動員した<ruby>非暴力<rt>ひぼうりょく</rt></ruby>・<ruby>不服従<rt>ふふくじゅう</rt></ruby>の運動。
- インドネシアではスカルノのインドネシア国民党，インドシナではホー＝チ＝ミンのインドシナ共産党，ビルマではタキン党が独立運動を主導。

イギリスの植民地となったインド→P.214 は，**第一次世界大戦中，イギリスの総力戦に動員**され，大量の兵士が戦場に送られて多大な<ruby>犠牲<rt>ぎせい</rt></ruby>を払ったうえ，労働力や物資も<ruby>徴発<rt>ちょうはつ</rt></ruby>されました。イギリスは，その見返りとして，インドに**戦後の自治を約束**しました。しかし，戦後の**インド統治法（1919年インド統治法）**では，州行政の一部しかインドに委ねず，**自治とはほど遠い内容**でした。さらに，イギリスは反英運動に備えて，<ruby>令状<rt>れいじょう</rt></ruby>なしの逮捕や裁判ぬきの<ruby>投獄<rt>とうごく</rt></ruby>を認める**ローラット法**を制定していたのです。

イギリス支配への反発が強まるなか，**国民会議派**[*1] は，**ガンディーの指導のもと，非暴力・不服従の抵抗運動を開始**しました。**運動は，一時，全インド＝ムスリム連盟との<ruby>共闘<rt>きょうとう</rt></ruby>にも成功して，大衆を巻き込んだ大規模なものに発展**しましたが，やがていったん運動が中止されると，運動方針をめぐる対立や，**ヒンドゥー教徒とムスリムの対立**が深まっていきました。

その後，再び反英運動が激化すると，**ネルー**ら国民会議派内の急進派は，**プールナ＝スワラージ**（完全独立^{りつ}）を決議しました。**ガンディーは，「塩の行進」**[*2]**を行って，非暴力・不服従運動を再開**しました。結局，妥協点を見出せなかったイギリスは，**新インド統治法（1935年インド統治法）**を発布して，**各州の自治を認め**ましたが，独立に向けての議論は続くことになります。

> **ひとこと**
>
> **非暴力・不服従**
>
> ガンディーがヒンドゥー教の不殺生と禁欲の教理に基づいて作り上げた大衆運動の理念で，ガンディーの造語ではサティヤーグラハ（真理の把握）といいます。非暴力を貫きつつ，不当な法や支配には従わず，植民地行政にも協力しないなどの身近な行動による抵抗は，民族・宗教・言語の違いを越えてあらゆる階層の人々をまとめることを可能にしました。アメリカ合衆国でキング牧師が指導した公民権運動 →P.245 など，後世の世界の大衆運動に大きな影響を与えました。

国民会議派と全インド＝ムスリム連盟との関係は，その後どうなったのですか。

全インド＝ムスリム連盟は，国民会議派との対決姿勢を強め，指導者のジンナーは，ムスリム国家パキスタンの分離・独立を目指すようになります。

第一次世界大戦後は，東南アジアでも民族運動が激化します。インドネシアでは，**インドネシア共産党**が結成されましたが，オランダの弾圧で壊滅し，その後，**スカルノ**が組織した**インドネシア国民党**が独立運動を主導しました。インドシナでは，**ホー＝チ＝ミン**の率いる**インドシナ共産党**が中心になって，フランス支配に対して武装闘争を展開しました。ビルマ（ミャンマー）では，**タキン党**がイギリスに対する独立運動を進めました。

---

*1　インド国民会議 →P.215 を起源とするインドの政党。
*2　イギリスがインドで行っていた塩の専売制を植民地支配の搾取の象徴として反対し，海岸まで行進して無許可で海水から塩をつくる抗議運動。

第9章 二つの世界大戦

キーワード　三・一独立運動　五・四運動

中国国民党　中国共産党　北伐

Q44 第一次世界大戦後の東アジアではどのような民族運動が起こったのですか？

A

■中国：大衆運動の五・四運動。中国国民党・中国共産党の成立と，中国統一のための国共合作。国民政府が北伐完了と張学良の支持を得て中国統一。
■朝鮮：三・一独立運動。

第一次世界大戦が始まると，日本は日英同盟〔→P.64〕を口実に協商国側で参戦し，中国では敵国**ドイツの山東半島における租借地を占領**しました。さらに，**山東のドイツ権益の継承など二十一か条の要求を，中国の袁世凱政権に突きつけ，大部分を認めさせた**ため，中国で激しい反発を招きました。

袁世凱死後に協商国側で大戦に参戦した中国は，戦後，戦勝国としてパリ講和会議〔→P.74〕に参加し，**二十一か条の要求の破棄や山東のドイツ権益の返還**などを訴えました。しかし，**これが拒否される**と，北京の学生の抗議デモが，**全国的な大衆運動**に発展していったのです（**五・四運動**）。

大戦中の日本の勢力拡大が，中国の民族運動の契機となったのですね。日本の植民地統治下の朝鮮では，どうだったのですか。

大戦後に三・一独立運動が起こり，朝鮮全土に拡大しました。これを受けて日本は，朝鮮総督府の高圧的な武断政治を緩和して，「文化政治」と呼ばれる同化政策に転換します。

五・四運動に刺激を受けたのが，中国の革命運動を指導してきた孫文[→P.65]でした。孫文は，大衆政党として**中国国民党**を組織します。同じ頃，ロシア革命の影響下に**中国共産党**も結成されました。

当時の中国は，各地に**軍閥**（軍事指導者）が割拠する状況でした。孫文は，そのような**中国を統一するために国民党と共産党の協力体制（国共合作）**を成立させましたが，まもなく病死します。その遺志を継いだ国民党は，**広州に国民政府**を樹立し，**蔣介石**の指揮のもと，**北京の軍閥政府の打倒を目指す北伐**を開始しました。

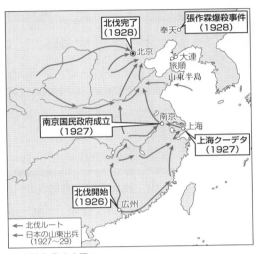

▲1920年代の中国

地図内ラベル：
- 北伐完了（1928）
- 張作霖爆殺事件（1928）
- 奉天
- 北京
- 大連
- 旅順
- 山東半島
- 南京国民政府成立（1927）
- 南京
- 上海
- 上海クーデタ（1927）
- 北伐開始（1926）
- 広州
- ← 北伐ルート
- ← 日本の山東出兵（1927〜29）

北伐の途上，**蔣介石は上海で共産党を弾圧し（上海クーデタ），南京に国民政府**を建てました。こうして国共合作は崩壊します。その後，蔣介石は北伐を再開し，日本の**山東出兵**による武力干渉を乗り越えながら，北京に入城して**北京政府の張作霖を破り**ました。ここに**北伐が完了**したのです。

一方，中国東北地方の支配をはかる**日本の関東軍**[→P.85]は，**北伐軍に敗れて奉天に撤退する張作霖を殺害**します。すると，東北地方の実権を継承した**張学良**（張作霖の息子）が，**日本に対抗して国民政府に従いました**。そのため，**国民政府による中国統一が達成**されることになりました。

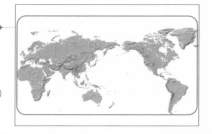

第9章 二つの世界大戦

キーワード 独ソ戦 太平洋戦争 連合国
枢軸国

Q45 第二次世界大戦はどのように広がっていったのですか？

A
- ヨーロッパで開戦。当初はドイツとソ連が占領地を拡大，のち独ソ戦の開始。
- 太平洋戦争の開始で，日本・アメリカが参戦。

1939年，ドイツが**独ソ不可侵条約**を結んで**ポーランドに侵攻**すると，イギリス・フランスがドイツに宣戦して**第二次世界大戦**が始まりました。

その後，ソ連も**ポーランドに侵攻**し，さらに**フィンランドと開戦**しました。そして翌1940年には，**バルト3国を併合**します。同年，ドイツが西ヨーロッパ方面で戦端を開くと，早くも**フランスが降伏**しました。この頃，**イタリアがドイツ側で参戦**しています。1941年にドイツが**バルカン半島を制圧**すると，同じくバルカン方面に進出していたソ連は危機感を抱き，**日ソ中立条約**を締結して東方の安全を固めました。まもなく，**独ソ戦**が始まります。

日ソ中立条約の締結は，日本にはどのような利点があったのですか。

日中戦争で消耗する日本は，戦局打開のため東南アジア進出を模索し →P.87，フランス降伏に乗じてフランス領インドシナに進駐していました。日ソ中立条約は，南進する日本にとって北方の安全を確保するものだったのです。

　アメリカ合衆国は，当初，大戦には中立でしたが，フランス敗北後にドイ
ツの攻勢を一手に引き受けるイギリスを助ける必要からも，**武器貸与法**[*1]を
定めます。そして，独ソ戦の開始で戦火が拡大するなか，**フランクリン＝ロー
ズヴェルト大統領は，イギリスのチャーチル首相と大西洋憲章を発表して戦
後の民主主義などの構想を示し** → P.88 ，その後は，武器貸与法をソ連にも適
用して多くの援助を行いました。

　同じ頃，アジア・太平洋地域では，日本の南進政策が，アメリカやイギリ
ス・オランダとの衝突を招いていました。**日米交渉**は行き詰まり，1941年
12月，**日本は，ハワイの真珠湾（パールハーバー）とマレー半島を攻撃して
アメリカ・イギリスに宣戦し，太平洋戦争**に突入します。日本と軍事同盟[*2]
を結んでいた**ドイツ・イタリアもアメリカに宣戦**しました。

　1941年は，独ソ戦と太平洋戦争が始まり，第二次世界大戦
が大きく動いた年なのですね。

　主要国がすべて参戦したうえ，ヨーロッパとアジア・太平洋
の戦争が結びついて，文字どおり世界大戦となったのです。

　こうして第二次世界大戦は，**アメリカ・イギリス・ソ連を中心とする連合
国（反ファシズム陣営）**と，**ドイツ・イタリア・日本を中心とする枢軸国
（ファシズム陣営）**との戦争になりました → P.85, 88 。初期には枢軸国が優勢で
したが，1942年後半から連合国が反撃に転じます。ヨーロッパでは**スター
リングラードの戦い**，アジア・太平洋では**ミッドウェー海戦・ガダルカナル
島攻防戦**が転換点となり，枢軸国は敗戦に追い込まれていきました。

---

*1　1941年制定。アメリカ合衆国が，従来の中立の立場を改めて，重要な外国に武器・軍需物
　　資を提供する内容。イギリス・ソ連・中国など多くの連合国に適用された。
*2　三国防共協定 → P.85 を結んでいた日本・ドイツ・イタリアは，1940年のフランス降伏後
　　に，軍事同盟である日独伊三国同盟を締結した。

実際の共通テスト問題を見てみよう

20世紀前半におけるアメリカ合衆国の経済情勢に関する問題例です。

（2022年 共通テスト 世界史B（追試））

　　次の**グラフ1・2**は，1914年から1939年までのアメリカ合衆国における経済情勢についての統計である。**グラフ1**は，国内労働者の失業者の割合を，百分率で示したものである。**グラフ2**は，年ごとの連邦政府の財政支出額を示したものである。これらの統計を見ると，この時代の出来事が，アメリカ合衆国の経済に様々な影響を与えていたことが分かる。さらに，経済情勢が悪化すると，国家は積極的に経済に介入するようになる。特に世界恐慌が発生すると，各国は様々な政策的対応を迫られた。

グラフ1　国内の失業率

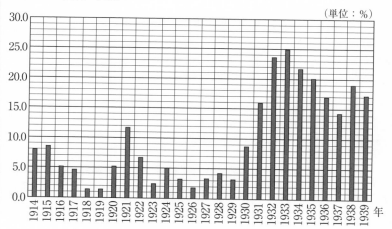

グラフ2　連邦政府の歳出総額

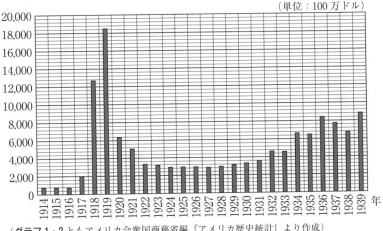

（単位：100万ドル）

（**グラフ1・2**ともアメリカ合衆国商務省編『アメリカ歴史統計』より作成）

問　前の**グラフ1・2**から読み取れる，1914年から1939年までに起こった事柄について述べた文として最も適当なものを，次の①〜④のうちから一つ選べ。

① アメリカ合衆国が第一次世界大戦に参戦した年から翌年にかけては，アメリカ合衆国の国内の失業率は上昇した。

② ニューディール政策が実施された時期に，アメリカ合衆国の連邦政府の歳出総額は最大になった。

③ 「暗黒の木曜日」と呼ばれる，ニューヨークにおける株式相場の大暴落よりも後に，アメリカ合衆国の国内の失業率は最も高くなった。

④ ワシントン会議において国際的な軍縮が図られた時期に，アメリカ合衆国の連邦政府の歳出総額は最小になった。

20世紀前半のアメリカ経済に関連するグラフと出来事を結びつけて考える問題です。

グラフを2つ読み取らないといけないので, むずかしそう……。

この問題ではグラフを2つ合わせて考察する必要はなく, 1つずつ読み取れば大丈夫です。知識も基本レベルを覚えていれば十分解答できる問題です。

1914年から1939年までのアメリカ合衆国の経済情勢を表す2つのグラフを読み取りながら, その期間に起こった事柄について述べた文として最も適当なものを1つ選ぶ問題です。

①から順に見ていきましょう。

①は, 国内の失業率について述べている文なので, **グラフ1**を確認します。第一次世界大戦の期間中（1914〜18年）, 失業率が上昇しているのは1914年から翌年にかけてですが, 「**ア**❶**アメリカ合衆国が第一次世界大戦に参戦した**」**のは1917年**です。参戦した年がわからなくても, 第一次世界大戦の勃発が1914年で, アメリカが開戦当初は中立を保ち, 少なくとも1914年には参戦していないことを知っていれば, ①は誤りだと判断できます。

次に, ②を見ましょう。②は, 連邦政府の歳出総額について述べていますので, **グラフ2**を確認します。歳出総額が最大になったのは1919年と読み取れます。選択肢の「❷**ニューディール政策が実施された**」のは, **1933年に発足したフランクリン＝ローズヴェルト政権によってですが, 正確な年号を知らなくても, 1929年以降の恐慌（世界恐慌）への対応のため**であることがわかっていれば, 明らかに年代が異なると判断できます。②は誤りです。

続いて③を見ます。③は，国内の失業率について述べていますので，**グラフ1**を確認します。失業率が最も高くなったのは1933年です。これは，1929年の「『暗黒の木曜日』と呼ばれる，ニューヨークにおける株式相場の大暴落」から始まる恐慌の影響であり，この「大暴落よりも後に」失業率が急激に上昇し，1933年に最大になっていることが読み取れます。よって，③は正しいと判断します。

最後に④を見ます。④は，連邦政府の歳出総額について述べていますので，**グラフ2**を確認します。グラフのなかで歳出総額が最小なのは1914年から1916年にかけての期間です。**ワシントン会議が開かれたのは1921年から1922年にかけて**なので，④は誤りだとわかります。ワシントン会議の知識がなくても，1914年から1916年は第一次世界大戦中であり，「ワシントン会議において国際的な軍縮が図られた時期」とは考えにくいでしょう。

したがって，解答は③となります。

> 複数のグラフがある問題では，どのグラフを確認するか間違えないようにすることが大切です。そのうえで，問われている期間を正確にグラフ上で特定し，選択肢の文の内容を検討していきましょう。

第**10**章　第二次世界大戦後の世界

キーワード　原子爆弾（原爆）　冷戦

パグウォッシュ会議　キューバ危機　核拡散防止条約

Q46 核兵器の開発競争や核軍縮はどのように進んだのですか？

A

- 冷戦下で，米ソの核開発競争が激化。イギリス・フランス・中国なども核保有国となる。
- 1950年代は，第五福竜丸事件を機に，パグウォッシュ会議など反核運動が高揚。
- 1960年代以降，核拡散防止条約など核軍縮へ。

　第二次世界大戦末期の1945年，**アメリカ合衆国は，世界初の**原子爆弾（原爆）**の実験に成功すると，8月6日に**広島，**そして8月9日に**長崎に原爆を投下**しました。両都市は壊滅し，おびただしい数の死傷者と放射能の後遺症に苦しむ被爆者を出しました。

　戦後，アメリカは唯一の核保有国として圧倒的な軍事的優位を背景に，社会主義勢力に対する「封じ込め政策」を進めました[→P.90]。しかし，1949年に**ソ連も原爆実験に成功**しました。衝撃を受けたアメリカは，より強力な破壊力をもつ水素爆弾（水爆）を1952年に開発しましたが，翌年，ソ連も水爆を保有します。このように，**米ソの核兵器開発競争の激化とともに，冷戦が深まっていった**のです。

　1950年代に，**アメリカが南太平洋のビキニ環礁で行った水爆実験**によって日本の漁船が被曝する第五福竜丸事件が起こると，反核運動が世界に広が

りまず。広島では第1回原水爆禁止世界大会が開かれました。また，科学者のアインシュタインらが核兵器や核戦争の危険性を訴えたことを受けて，**世界の科学者がパグウォッシュ会議で核兵器廃絶を求めました。**

核兵器の危険性に警鐘を鳴らしたのは，民間の平和運動からなのですね。核保有国自身は，核軍縮の必要性を認識しなかったのでしょうか。

むしろ，イギリス・フランス…と核保有国は増えていきました。核保有国が動き始めるのは1960年代で，核戦争の危機に直面したキューバ危機が契機でした→P.101 。

キューバ危機を回避した米ソ両国に，イギリスを加えて，部分的核実験禁止条約が結ばれ，地下をのぞく核実験が禁止されました。さらに，**核拡散防止条約（NPT）が成立し，**すでに核兵器を保有している**アメリカ・ソ連・イギリス・フランス・中国（中華人民共和国）以外の国の核保有を禁止して，**核兵器の国際的管理に努めました。しかし，その後，**インド・パキスタン・北朝鮮が核実験を行っています。**

核拡散防止条約では新たな核保有国を認めていないのに，なぜ核兵器を保有する国が増えているのですか。

インドとパキスタンは，当初から核拡散防止条約に参加していません。北朝鮮は，条約からの離脱を表明して核開発を進めました。

1970年代以降，米ソ間で核軍縮の交渉が進み，1987年の**中距離核戦力（INF）全廃条約**の締結は，冷戦の終結を後押ししました→P.107 。しかし，**冷戦終結後，グローバル化が進展するなかで核兵器の拡散の問題が深刻化し，**多発する地域紛争において核兵器が使用される懸念も高まっています。そうした脅威に備えるため核保有を主張する国もあり，核兵器廃絶に向けた国際的な合意はいっそう困難な状況にあります。

第10章　第二次世界大戦後の世界

キーワード　フセイン・マクマホン協定

バルフォア宣言　イスラエル　中東戦争　PLO

Q47　パレスチナ問題とは何ですか？

A
- パレスチナをめぐるユダヤ人とアラブ人の対立。第一次世界大戦中のイギリス外交が背景。
- イスラエルとアラブ諸国が4度の中東戦争。その後はイスラエルとパレスチナ解放機構などの対立が主体。

ユダヤ教・キリスト教・イスラーム教の**聖地イェルサレムのあるパレスチナ**は，7世紀にイスラーム教徒に征服されるとアラブ人が居住するようになり，16世紀以降はオスマン帝国の支配下に入りました。

ひとこと

シオニズム

19世紀末以降，ヨーロッパでユダヤ人への迫害が強まると，離散していたユダヤ人の国家をパレスチナに建国しようというナショナリズムが高まりました。この運動をシオニズムと呼び，バルフォア宣言やイスラエル建国につながりました。

　第一次世界大戦中，オスマン帝国を敵国として戦っていたイギリスは，**アラブ人とのフセイン（フサイン）・マクマホン協定（書簡）で，オスマン帝国への反乱を条件にアラブ人の独立を約束**しました。その後，イギリスは，ユダヤ人の戦争協力を得るために，アラブ人の居住する**パレスチナにユダヤ人の民族的郷土を建設すること（シオニズム）を支持するバルフォア宣言**を出しました。しかし，イギリスはその間，フランス・ロシアと**サイクス・ピコ協定**を結んで，**オスマン帝国領の分割**を定めていたのです。

　戦後，パレスチナは，イギリスの委任統治（いにんとうち）領となりました→P.74。アラブ人は独立を主張し，一方でユダヤ人の流入も増加して，両者の対立が深まりました。ドイツでナチ党→P.82が政権を握ると，迫害を逃れた多くのユダヤ人が入植（にゅうしょく）して，対立はいっそう激化しました。この**パレスチナをめぐるユダヤ人とアラブ人の対立を，パレスチナ問題**といいます。

　第二次世界大戦後，**国際連合は，パレスチナをユダヤ人国家とアラブ人国家に分割する案を決議**しました。エジプトなどアラブ諸国からなる**アラブ連盟**は，アラブ人に不利な分割案に反対しましたが，**ユダヤ人はイスラエルの建国を宣言**したため，アラブ諸国との間に**パレスチナ戦争（第1次中東戦争）**が勃発（ぼっぱつ）しました。**イスラエルがパレスチナで大きく領土を広げたため，大量のアラブ人が難民（なんみん）**となりました。その後も4次まで続く中東戦争のなかで，イスラエルは占領地（せんりょうち）を拡大し，難民の数も増えていきました。

　第4次中東戦争のあと，中東戦争は起こっていないのですか。

　イスラエルとアラブ諸国との中東戦争は起こっていません。アラブ側の中心として戦ってきたエジプトは，第4次中東戦争のあと，イスラエルと和解して平和条約を結んだのです。

　イスラエルと敵対するアラブ側の主体は，**パレスチナ解放機構（PLO）**[*1]などパレスチナ人[*2]の組織に移りました。イスラエルの占領地でパレスチナ人による民衆蜂起（みんしゅうほうき）（**インティファーダ**）が広がると，1993年に**イスラエルとPLOとの間でパレスチナ暫定自治協定（ざんてい）（オスロ合意）**が結ばれ，翌年には**パレスチナ人の暫定自治政府が樹立**されました。しかし，やがて武力衝突（しょうとつ）が再発するなど，パレスチナ問題は今なお解決していません。

[*1]　スエズ戦争（第2次中東戦争）後の1964年に，パレスチナの解放を目的として結成。
[*2]　パレスチナに住むアラブ人のこと。イスラエル建国後にパレスチナを追われたアラブ人の難民なども含めていう。

第10章　第二次世界大戦後の世界

キーワード　インドシナ戦争　ベトナム戦争

北爆　ベトナム反戦運動　ベトナム社会主義共和国

Q48 ベトナム戦争はどのように起こったのですか？

A

- フランス撤退（てったい）後のベトナムにアメリカが介入（かいにゅう）し，ベトナム共和国（南ベトナム）を支援。
- 対抗して南ベトナム解放民族戦線（かいほうみんぞくせんせん）が成立，ベトナム民主共和国（北ベトナム）の支援下に戦闘（せんとう）を開始。
- アメリカが北ベトナム爆撃（ばくげき）を開始し，戦争激化。

　第二次世界大戦中に日本が進駐（しんちゅう）したフランス領インドシナ →P.234 では，日本の敗戦直後に**ホー＝チ＝ミン** →P.231 が**ベトナム民主共和国**の独立を宣言しましたが，フランスが認めず，**インドシナ戦争**が勃発（ぼっぱつ）します。**フランスは，ベトナム国を建てて対抗しましたが，1954年にジュネーヴ休戦協定を結んで撤退しました。**この協定で**北緯17度線**が北のベトナム民主共和国と南の**ベトナム国の暫定的（ざんていてき）な軍事境界線**とされ，南北統一選挙が予定されました。しかし，ベトナム国とそれを支援するアメリカ合衆国は，協定への調印を拒否し，結局，選挙は実施されず，**ベトナムの南北分断が固定化**していきます。

アメリカは，なぜ調印を拒否したのですか。

ホー＝チ＝ミンはインドシナ共産党の指導者でしたね。アメリカは，ホー＝チ＝ミン率いるベトナム民主共和国が統一選挙で有利になると考え，社会主義の拡大をおそれたのです。

ベトナム南部では，ベトナム国に代わり，**アメリカの支援下にベトナム共和国（南ベトナム）が成立**しました。これに対し，1960年に**南ベトナム解放民族戦線**が結成され，ベトナム民主共和国（北ベトナム）と連携してゲリラ戦を展開しました。1965年に**アメリカのジョンソン大統領は，北ベトナムへの大規模な爆撃（北爆）を開始して本格的な軍事介入**を行いました。ソ連と中国は，北ベトナムと解放戦線を軍事援助したので，この**ベトナム戦争**は，冷戦期の米ソの代理戦争として泥沼化していきます。

ベトナム戦争による巨額の戦費はアメリカ経済を悪化させ，**ドルを基軸とするブレトン＝ウッズ体制は崩壊**しました〔→P.104〕。**ベトナム反戦運動**は世界に広がり，アメリカ国内では，**キング牧師**らの**公民権運動**[*1]などとも連動し，社会の亀裂が深まりました。国際的威信の揺らぐアメリカは，**中国の承認**に踏み切り〔→P.104〕，またアジアへの過度な軍事介入を見直しました。このようにベトナム戦争は，**第二次世界大戦後の国際関係・国際経済の転機**となったのです。

1973年に**アメリカのニクソン大統領は，ベトナム（パリ）和平協定**を結んで，**アメリカ軍をベトナムから撤退**させました。1975年，**北ベトナムと解放戦線が南ベトナムの首都サイゴンを陥落**させて戦争は終結し，翌年，**南北ベトナムを統一するベトナム社会主義共和国**が成立しました。

ポイント	インドシナ戦争	ベトナム戦争
主な対立	ベトナム民主共和国 VS フランス・ベトナム国	ベトナム民主共和国・南ベトナム解放民族戦線 VS ベトナム共和国・アメリカ
協定	ジュネーヴ休戦協定	ベトナム（パリ）和平協定〔アメリカ軍の撤退〕
結果	フランス撤退，ベトナム分断	ベトナム統一，ベトナム社会主義共和国の成立

*1 アメリカにおいて，南北戦争で奴隷制が廃止〔→P.207〕された後も南部の州法などに残る黒人差別の撤廃を求めた運動。1964年にジョンソン政権が公民権法を成立させた。

第10章 第二次世界大戦後の世界

キーワード グローバル化 ヨーロッパ連合（EU） ユーゴスラヴィア 民族紛争

Q 49 冷戦の終結は，世界にどのような影響を与えたのですか？

A
- グローバル化・民主化の進展。
- 地域協力・地域統合の促進。
- 地域紛争・民族紛争の多発，難民の増加。
- ソ連の消滅でアメリカが唯一の超大国になったが，21世紀には中国など新興国が台頭。

1989年に東欧諸国で共産党一党支配が倒れ（東欧革命），米ソ首脳が**マルタ会談**で冷戦終結を宣言しました→P.107。1991年にはロシアなどソ連を構成していた15の共和国が分離独立して，**ソ連は消滅**します。こうして冷戦が終わりを迎えるのと並行して**グローバル化**が加速し→P.110，**経済発展によって独裁崩壊や民主化**が進んだ地域もありました。

冷戦期には，米ソが安全保障理事会で拒否権を発動して国際連合（国連）→P.89はしばしば機能不全に陥りましたが，**冷戦終結後は，国連を中心とした平和の構築が期待**されました。国家と国家の間の戦争が減少したことやグローバル化の進展が，**地域協力や地域統合を促進**させています。政治統合をも見据えた**ヨーロッパ連合（EU）**→P.99だけでなく，北米・アジア太平洋・アフリカなどでも様々な自由貿易圏の形成が進んでいます。一方で，グローバル化による経済格差の拡大や移民・難民の流入への不満から，自国第一主義を支持する動きもあります。

毎日のように世界のどこかの戦火の報道に接している気がしますが，冷戦終結後は本当に国家間の戦争が少なくなっているのでしょうか。

もちろん，2022年に始まるロシアのウクライナ侵攻のように国家間の大規模な衝突も見られますが，冷戦終結後に多発しているのは地域紛争・民族紛争や内戦なのです。

　冷戦終結後は，アフリカ・中東など以前から内戦が頻発していた地域に加え，社会主義体制が崩壊した地域においても，共産党独裁のもとで抑圧されてきた民族対立が表面化しました。とくに，連邦国家であった**ユーゴスラヴィア**では，解体にともなって各地で激しい**民族紛争**が発生し，**NATO軍が介入**することもありました。旧ソ連内でも民族紛争が激化し，**チェチェン共和国の独立運動は，ロシアによって徹底的に弾圧**されました。こうした**紛争の多発は，難民の増加**にもつながる深刻な問題となっています。

長年対立し続けてきたソ連が消滅したことで，アメリカ合衆国は唯一の超大国となったのですよね。

唯一の超大国ゆえに，アメリカが国際社会と協調せず，自国だけで国際問題の解決をはかろうとする傾向が強まりました。また，軍事超大国として中東に過度に介入したことが反発を招き，イスラーム急進派の台頭の背景にもなりました。

　21世紀になってもアメリカは，世界一の経済力・軍事力をもつ超大国であることに変わりはありませんが，その優位性には徐々にかげりも見え始めています。理由の一つが，**2000年代以降に急速な経済成長を遂げた中国・ロシア・インドなどの新興国**の存在です。なかでも**中国は，2010年にGDP（国内総生産）が世界第2位**となり，アメリカの覇権に挑戦しています。しかし，このような超大国の競合や対立が，国際協調を滞らせているとの懸念も出ています。

第10章 〉 第二次世界大戦後の世界

キーワード プロレタリア文化大革命 鄧小平

「四つの現代化」 改革・開放政策 天安門事件

Q50 中国（中華人民共和国）はどのようにして経済大国となったのですか？

A

- 文化大革命の終息後，鄧小平の指導下に，「四つの現代化」の実施と，改革・開放政策の推進。
- 天安門事件後は，政治は共産党一党支配を維持し，経済は市場経済を導入する体制が確立。

　1949年，中国共産党の**毛沢東**を主席に，**中華人民共和国**が建国されました→P.102。ただちにソ連など社会主義国の承認を受け，翌年には**中ソ友好同盟相互援助条約**を結び，**社会主義圏に属する姿勢**を示しました。

　中国（中華人民共和国）の**周恩来**首相は，インドのネルー首相と会談して，第三勢力（第三世界）の形成を目指した→P.103のではないのですか。

　冷戦時代の中国は，東側陣営に属しながらも，米ソとは一線を画して第三勢力を主導していきました。このことが，今日の中国の国際的影響力の強さにもつながっているのです。

　中国は，ソ連の支援のもとで社会主義の計画経済を進めましたが，ソ連がスターリン批判と平和共存路線をうち出すと→P.100，毛沢東は反発し，中ソ関係は悪化していきました。一方，**毛沢東は，「大躍進」運動を指示し，農村に人民公社を設立して民衆の労働力による農業・工業の急速な発展を目指しましたが，失敗に終わりました。**そこで，毛沢東に代わって主席となった**劉少奇**は，社会主義の建設を緩和する政策に転換します。

権力の奪還をはかる毛沢東は, **プロレタリア文化大革命**を全国に呼びかけました。毛沢東に忠誠を誓う学生らの**紅衛兵**が動員され, **劉少奇や鄧小平らを「資本主義の道を歩む実権派」**として失脚させました。多くの共産党幹部や知識人が迫害され, 社会が大混乱に陥るなか, 対外的にも中ソ対立が激化して, 中国は国際的に孤立しました。こうした状況を打開するため, アメリカ合衆国との関係改善に乗り出したのです→P.104 。

1976年に毛沢東が死去したのち, 文化大革命は終息しました。復権した**鄧小平の指導下**に, 農業・工業・国防・科学技術の**「四つの現代化」**が本格化し, **人民公社の解体や外国資本・技術の導入など改革・開放政策**が推進されました。これにより中国経済は成長しましたが, 政治改革が行われないことへの不満も高まりました。しかし, **1989年, 多数の学生や市民が民主化を要求した運動は, 軍によって弾圧されました**（**天安門事件**）。

1989年は, 東欧革命が起こって冷戦の終結が宣言され, 世界的に民主化が進んだ年でしたよね→P.107 。

そのとおりです。中国では, 逆に, 共産党一党支配の維持によって, 民主主義を抑制しながら, 経済は資本主義の市場経済を導入する基本方針が確立していくことになります。

改革・開放政策は, 天安門事件後に一時停滞したものの, 継続されました。その結果, 著しい経済発展を遂げた中国は, 日本を抜いてGDP（国内総生産）世界第2位となります。近年は, **アジア・ヨーロッパ・アフリカにまたがる巨大経済圏構想（一帯一路）**を提唱して, いっそう存在感を増す一方, アメリカや近隣諸国との摩擦も強まっています→P.111 。国内でも, 経済格差の拡大や環境問題を抱え, さらに**民主化や民族をめぐる問題は, しばしば国際的な非難**を呼び起こしています。現在の中国が世界の秩序や経済に与える影響が甚大なだけに, 今後の動向が注目されます。

実際の共通テスト問題を見てみよう

冷戦期における核軍縮に関する問題例です。

（2022年 共通テスト 世界史B）

　冷戦期，ソ連はキューバにミサイル基地を建設しようとした。アメリカ合衆国は基地建設に反発して，キューバを海上封鎖し，米ソ間で一触即発の危機が発生した。米ソ首脳による交渉の結果，ソ連はミサイルの撤去に同意し，衝突が回避された。次の**資料**は，その出来事の翌年に，当時のアメリカ合衆国大統領が行った演説である。（引用文には，省略したり，改めたりしたところがある。）

資料

> 　我々はジュネーヴで，軍拡競争の緊張を緩和し，偶発的な戦争の危険を軽減する軍備管理の第一段階について，交渉を進めてきました。これらの交渉のなかで，終わりは見えながらも新たな始まりを大いに必要とする一つの重要な分野が，核実験を非合法化する条約の交渉でした。当該条約は，最も危険な地域の一つで，軍拡競争の悪循環を抑えることになるでしょう。
>
> 　これに関して，私は二つの重要な決定について発表いたします。第一に，フルシチョフ第一書記とマクミラン首相並びに私は，包括的な核実験禁止条約に関する早期の妥結を目指し，間もなくモスクワでハイレベルの議論を始めることに合意しました。第二に，この問題についての我々の誠意と厳粛な信念を明らかにするために，アメリカ合衆国は，他国が行わない限り，大気圏内における核実験を自ら行わないことを宣言いたします。

　この演説を行った大統領は，交渉の過程で妥協を強いられつつも，演説中で述べられている首脳との間で条約を締結した。

問 前の文章を参考にしつつ，この演説中で述べられている交渉相手の首相の国**あ・い**と，締結した条約の内容**X・Y**との組合せとして正しいものを，後の①〜④のうちから一つ選べ。

交渉相手の首相の国
　あ　フランス
　い　イギリス

締結した条約の内容
　X　核実験の全面的な禁止
　Y　核実験の部分的な禁止

　① あ － X　　② あ － Y　　③ い － X　　④ い － Y

マクミラン首相って，どこの国の首相だったかなぁ…

教科書に名前が出てこない人物については，知識を要求されませんから安心してください。

核の軍事利用を制限する条約はいろいろあって，混乱してしまいます。

選択肢にもあるように核実験を禁止する条約は2つです。全面的な禁止か部分的な禁止か，資料の文章をていねいに読んで判断しましょう。

アメリカ合衆国大統領が演説で述べた，核実験を非合法化する条約の交渉相手の首相の国と，締結した条約の内容をそれぞれ選び，その組合せを答える問題です。

資料の前の文章から確認していきましょう。冷戦期にソ連がキューバでミサイル基地を建設したことに反発したアメリカがキューバを海上封鎖し，**米ソ間で一触即発の危機が発生したというのは，1962年のキューバ危機のことを指します**。当時のアメリカ合衆国大統領はケネディです。

キューバ危機の翌1963年に，アメリカ・イギリス・ソ連の3か国で部分的核実験禁止条約が結ばれたことを知っていれば，簡単に解ける問題です。

しかし，資料などがある場合は，問われているのが本当にその知識でよいのか，確認しておく必要もあります。なぜなら，共通テストの場合，あえて教科書で学んだ知識とは異なる内容の資料などを出すことで，思考力や判断力を試すことがあり得るからです。

まず，**キューバ危機による核戦争の危機を回避した翌年，米ソを中心に部分的核実験禁止条約（PTBT）が結ばれる**ことは，知識として重要です。その内容は，**地下実験以外の核実験，すなわち大気圏内などでの核実験を禁止**

するものでした。これを踏まえれば、「締結した条約の内容」は、**Y**の「核実験の部分的な禁止」となります。

　念のため、資料の内容を確認しておくことを怠らないようにしましょう。資料には、❷「包括的な核実験禁止条約に関する早期の妥結を目指し」とあるので、**X**の「核実験の全面的な禁止」を取り決めたのかと誤解しそうになりますが、最後までていねいに読み進めると、❸「大気圏内における核実験を自ら行わないことを宣言いたします」とあり、実際に締結された条約の内容は、やはり**Y**で間違いありません。

　次に、「交渉相手の首相の国」について考えます。

　資料には、❶「フルシチョフ第一書記とマクミラン首相並びに私」とあり、「マクミラン首相」の国が問われていることがわかりますが、ほとんどの受験生はマクミラン首相の名を知らないはずで、その知識が求められているわけではありません。資料中の「私」はアメリカ合衆国大統領であることが文章から読み取れ、また「フルシチョフ第一書記」はソ連の首脳なので、部分的核実験禁止条約を米ソの首脳と締結した国の首相ということになります。その国は、**い**のイギリスです。

　逆に、選択肢の**あ**のフランスは、この条約に参加していません。当時、ド＝ゴール大統領のもとでアメリカの影響力に対抗する独自外交を展開していたフランスと、社会主義の方針をめぐってソ連と対立を深めていた中華人民共和国は、部分的核実験禁止条約に反発して調印せず、核兵器の開発を進めていったのです。

　以上より、この問題に正解するためには、**部分的核実験禁止条約を、イギリスが締結したことか、フランスが締結していないことのどちらかは知っておかなければなりません**。なお、イギリス・フランスともに首相が存在するので、「首相」という肩書だけで判断する問題ではありません。

したがって，解答は④い ― Yとなります。

　ちなみに，核実験を全面的に禁止する**包括的核実験禁止条約（CTBT）が国連総会で採択されたのは，1996年**ですが，2023年現在，条約は未発効です。

> 資料問題は，たとえ資料を読まずに知識だけで解けたとしても，必ず資料の内容にも目を通して，知識と矛盾がないかを確認しましょう。

MEMO